Mon oncle Jules

À M. Achille Bénouville

Un vieux pauvre, à barbe blanche, nous demanda l'aumône. Mon camarade Joseph Davranche lui donna cent sous. Je fus surpris. Il me dit:

«Ce misérable m'a rappelé une histoire que je vais te dire et dont le souvenir me poursuit sans cesse. La voici.»

*

Ma famille, originaire du Havre, n'était pas riche. On s'en tirait, voilà tout. Le père travaillait, rentrait tard du bureau et ne gagnait pas grand-chose. J'avais deux sœurs.

Ma mère souffrait beaucoup de la gêne où nous vi-

2 **Achille Bénouville:** historischer Landschaftsmaler (1815–91).
4 **une aumône:** Almosen, milde Gabe.
5 **le sou:** frühere französische Währungseinheit (20 sous = 100 centimes = 1 franc).
6 **le misérable:** armer Schlucker.
7 **sans cesse:** ständig, dauernd.
9 **originaire de:** gebürtig aus.
Le Havre: Stadt in Nordfrankreich an der Mündung der Seine in den Ärmelkanal.
10 **s'en tirer:** gerade so zurechtkommen.
11 **pas grand-chose:** nicht sehr viel.
13 **la gêne:** bedrängte Lage, Geldverlegenheit.

vions, et elle trouvait souvent des paroles aigres pour son mari, des reproches voilés et perfides. Le pauvre homme avait alors un geste qui me navrait. Il se passait la main ouverte sur le front, comme pour essuyer une sueur qui n'existait pas, et il ne répondait rien. Je sentais sa douleur impuissante. On économisait sur tout; on n'acceptait jamais un dîner, pour n'avoir pas à le rendre; on achetait les provisions au rabais, les fonds de boutique. Mes sœurs faisaient leurs robes elles-mêmes et avaient de longues discussions sur le prix d'un galon qui valait quinze centimes le mètre. Notre nourriture ordinaire consistait en soupe grasse et bœuf accommodé à toutes les sauces. Cela est sain et réconfortant, paraît-il; j'aurais préféré autre chose.

On me faisait des scènes abominables pour les boutons perdus et les pantalons déchirés.

1 **aigre:** hart, scharf, bitter.
2 **voilé, e:** verschleiert, versteckt.
perfide: heimtückisch, hinterhältig.
3 **navrer:** sehr traurig machen, tief betrüben.
5 **la sueur:** Schweiß.
6 **impuissant, e:** machtlos, ohnmächtig.
7 **accepter un dîner:** eine Einladung zum Essen annehmen.
8 **les provisions** (f.): (Lebensmittel-)Vorräte.
au rabais: preisgünstig, zu herabgesetzten Preisen.
8f. **les fonds** (m., pl.) **de boutique:** Ladenhüter.
11 **le galon:** Borte, Tresse.
12 **consister en qc:** aus etwas bestehen, sich aus etwas zusammensetzen.
13 **accommoder qc à toutes les sauces:** etwas bei jeder Gelegenheit verwenden, auftischen.
13f. **cela est … réconfortant, paraît-il:** das soll angeblich stärkend, kräftigend sein.
15 **abominable:** abscheulich, furchtbar.
16 **déchiré, e:** zerrissen.

Mais chaque dimanche nous allions faire notre tour de jetée en grande tenue. Mon père, en redingote, en grand chapeau, en gants, offrait le bras à ma mère, pavoisée comme un navire un jour de fête. Mes sœurs, prêtes les premières, attendaient le signal du départ; mais, au dernier moment, on découvrait toujours une tache oubliée sur la redingote du père de famille, et il fallait bien vite l'effacer avec un chiffon mouillé de benzine.

Mon père, gardant son grand chapeau sur la tête, attendait, en manches de chemise, que l'opération fût terminée, tandis que ma mère se hâtait, ayant ajusté ses lunettes de myope, et ôté ses gants pour ne les pas gâter.

On se mettait en route avec cérémonie. Mes sœurs marchaient devant, en se donnant le bras. Elles étaient en âge de mariage, et on en faisait montre en ville. Je me tenais à gauche de ma mère, dont mon père gardait la droite. Et je me rappelle l'air

2 **la jetée:** Hafenmole.
en grande tenue: in Festtagskleidung.
la redingote: Gehrock.
3 **le grand chapeau:** Zylinderhut.
4 **pavoisé, e:** aufgetakelt, beflaggt.
9 **la benzine:** Waschbenzin.
11 **une opération:** Vorgang, Arbeit.
12 **se hâter:** sich beeilen.
ajuster: zurechtrücken.
13 **myope:** kurzsichtig.
ôter: ausziehen, abstreifen.
14 **gâter:** beschmutzen, verderben.
15 **avec cérémonie** (f.): feierlich.
17 **faire montre de qc:** etwas zeigen, zur Schau stellen.

pompeux de mes pauvres parents dans ces promenades du dimanche, la rigidité de leurs traits, la sévérité de leur allure. Ils avançaient d'un pas grave, le corps droit, les jambes raides, comme si une affaire d'une importance extrême eût dépendu de leur tenue.

Et chaque dimanche, en voyant entrer les grands navires qui revenaient de pays inconnus et lointains, mon père prononçait invariablement les mêmes paroles:

«Hein! si Jules était là-dedans, quelle surprise!»

Mon oncle Jules, le frère de mon père, était le seul espoir de la famille, après en avoir été la terreur. J'avais entendu parler de lui depuis mon enfance, et il me semblait que je l'aurais reconnu du premier coup, tant sa pensée m'était devenue familière. Je savais tous les détails de son existence jusqu'au jour de son départ pour l'Amérique, bien qu'on ne parlât qu'à voix basse de cette période de sa vie.

Il avait eu, paraît-il, une mauvaise conduite, c'est-à-dire qu'il avait mangé quelque argent, ce qui est bien le plus grand des crimes pour les familles pauvres. Chez les riches, un homme qui s'amuse *fait des bêtises*. Il est ce qu'on appelle, en souriant, un noceur.

1 **pompeux, euse:** pompös, bombastisch.
2 **la rigidité:** Starrheit, Unbewegtheit.
les traits (m.): Gesichtszüge, Gesichtsausdruck.
3 **une allure:** Gang, Haltung.
4 **raide:** steif.
5 **la tenue:** Auftreten, Haltung.
13 **du premier coup:** auf Anhieb.
18 **la conduite:** Verhalten, Betragen.
19 **manger de l'argent:** Geld verschwenden, verschleudern.
22 **le noceur:** Lebemann.

Chez les nécessiteux, un garçon qui force les parents à écorner le capital devient un mauvais sujet, un gueux, un drôle!

Et cette distinction est juste, bien que le fait soit le même, car les conséquences seules déterminent la gravité de l'acte.

Enfin l'oncle Jules avait notablement diminué l'héritage sur lequel comptait mon père; après avoir d'ailleurs mangé sa part jusqu'au dernier sou.

On l'avait embarqué pour l'Amérique, comme on faisait alors, sur un navire marchand allant du Havre à New-York.

Une fois là-bas, mon oncle Jules s'établit marchand de je ne sais quoi, et il écrivit bientôt qu'il gagnait un peu d'argent et qu'il espérait pouvoir dédommager mon père du tort qu'il lui avait fait. Cette lettre causa dans la famille une émotion profonde.

1 **le nécessiteux / la nécessiteuse:** Arme(r), Bedürftige(r).
2 **écorner le capital:** das Kapital, das Vermögen angreifen.
le mauvais sujet (fig.): übles Subjekt, Taugenichts.
3 **le gueux:** Lump, Gauner.
le drôle: schlimmer Kerl.
4 **la distinction:** Unterscheidung, unterschiedliche Behandlung.
le fait: Tatsache, Sachverhalt.
5 **déterminer qc:** etwas bestimmen, über etwas entscheiden.
6 **la gravité:** Bedeutung, Schwere, Ernst.
7 **notablement:** merklich, erheblich.
7f. **un héritage:** Erbschaft, Erbe.
8 **compter sur qc:** mit etwas rechnen, sich auf etwas verlassen.
10 **embarquer:** verfrachten, einschiffen.
13 **s'établir marchand:** sich als Kaufmann niederlassen.
15f. **dédommager qn de qc:** jdn. für etwas entschädigen.
16 **le tort:** Unrecht, Schaden.

Jules, qui ne valait pas, comme on dit, les quatre fers d'un chien, devint tout à coup un honnête homme, un garçon de cœur, un vrai Davranche, intègre comme tous les Davranche.

Un capitaine nous apprit en outre qu'il avait loué une grande boutique et qu'il faisait un commerce important.

Une seconde lettre, deux ans plus tard, disait: «Mon cher Philippe, je t'écris pour que tu ne t'inquiètes pas de ma santé, qui est bonne. Les affaires aussi vont bien. Je pars demain pour un long voyage dans l'Amérique du Sud. Je serai peut-être plusieurs années sans te donner de mes nouvelles. Si je ne t'écris pas, ne sois pas inquiet. Je reviendrai au Havre une fois fortune faite. J'espère que ce ne sera pas trop long, et nous vivrons heureux ensemble ...»

Cette lettre était devenue l'évangile de la famille. On la lisait à tout propos, on la montrait à tout le monde.

Pendant dix ans, en effet, l'oncle Jules ne donna plus de nouvelles; mais l'espoir de mon père grandissait à mesure que le temps marchait; et ma mère aussi disait souvent:

1 f. **ne pas valoir ... les quatre fers d'un chien:** keinen Pfifferling wert sein.
3 **le garçon de cœur:** Prachtkerl.
intègre: ehrenhaft, rechtschaffen.
5 **en outre:** außerdem.
14 f. **une fois fortune faite:** sobald ich mein Glück gemacht habe.
17 **un évangile:** Evangelium.
18 **à tout propos:** bei jeder Gelegenheit.
22 **à mesure que:** in dem Maße wie.

«Quand ce bon Jules sera là, notre situation changera. En voilà un qui a su se tirer d'affaire!»

Et chaque dimanche, en regardant venir de l'horizon les gros vapeurs noirs vomissant sur le ciel des serpents de fumée, mon père répétait sa phrase éternelle:

«Hein! si Jules était là-dedans, quelle surprise!»

Et on s'attendait presque à le voir agiter un mouchoir, et crier:

«Ohé! Philippe.»

On avait échafaudé mille projets sur ce retour assuré; on devait même acheter, avec l'argent de l'oncle, une petite maison de campagne près d'Ingouville. Je n'affirmerais pas que mon père n'eût point entamé déjà des négociations à ce sujet.

L'aînée de mes sœurs avait alors vingt-huit ans; l'autre vingt-six. Elles ne se mariaient pas, et c'était là un gros chagrin pour tout le monde.

Un prétendant enfin se présenta pour la seconde.

2 **se tirer d'affaire:** sich aus der Affäre ziehen; es zu etwas bringen.
4 **le vapeur:** Dampfer.
vomir: ausspeien, ausstoßen.
8 **s'attendre à qc:** auf etwas gefasst sein.
agiter qc: etwas schwenken, mit etwas winken.
11 **échafauder:** aufbauen, entwerfen.
12 **devoir:** hier: beabsichtigen, vorhaben.
13 **Ingouville:** Vorort von Le Havre.
14 **ne … point** (litt. et rég.): (gar) nicht.
entamer: beginnen, aufnehmen.
15 **la négociation:** Verhandlung.
à ce sujet: diesbezüglich, darüber.
18 **le chagrin:** Kummer.
19 **le prétendant:** Freier, Bewerber.

Un employé, pas riche, mais honorable. J'ai toujours eu la conviction que la lettre de l'oncle Jules, montrée un soir, avait terminé les hésitations et emporté la résolution du jeune homme.

On l'accepta avec empressement, et il fut décidé qu'après le mariage toute la famille ferait ensemble un petit voyage à Jersey.

Jersey est l'idéal du voyage pour les gens pauvres. Ce n'est pas loin; on passe la mer dans un paquebot et on est en terre étrangère, cet îlot appartenant aux Anglais. Donc, un Français, avec deux heures de navigation, peut s'offrir la vue d'un peuple voisin chez lui et étudier les mœurs, déplorables d'ailleurs, de cette île couverte par le pavillon britannique, comme disent les gens qui parlent avec simplicité.

Ce voyage de Jersey devint notre préoccupation, notre unique attente, notre rêve de tous les instants.

1 **honorable:** achtbar, ehrenwert.
2 **avoir la conviction:** überzeugt sein.
3 **emporter:** herbeiführen, zur Folge haben.
5 **avec empressement:** bereitwilligst (*un empressement:* Dienstbeflissenheit, Bereitwilligkeit).
7 **Jersey:** britische Insel im Ärmelkanal 24 km vor der französischen Küste.
9 **le paquebot:** Passagierdampfer.
10 **un îlot:** kleine Insel.
12 **s'offrir la vue:** sich den Anblick gönnen.
13 **déplorable:** jämmerlich, beklagenswert.
14 **couvert, e par le pavillon britannique:** gedeckt durch die britische Nationalität (*le pavillon:* Flagge).
15 **la simplicité:** Schlichtheit, Einfalt, Naivität.
16 **la préoccupation:** vordringliche Sorge.
17 **une attente:** Erwartung.

On partit enfin. Je vois cela comme si c'était d'hier: le vapeur chauffant contre le quai de Granville; mon père, effaré, surveillant l'embarquement de nos trois colis; ma mère inquiète ayant pris le bras de ma sœur non mariée, qui semblait perdue depuis le départ de l'autre, comme un poulet resté seul de sa couvée; et, derrière nous, les nouveaux époux qui restaient toujours en arrière, ce qui me faisait souvent tourner la tête.

Le bâtiment siffla. Nous voici montés, et le navire, quittant la jetée, s'éloigna sur une mer plate comme une table de marbre vert. Nous regardions les côtes s'enfuir, heureux et fiers comme tous ceux qui voyagent peu.

Mon père tendait son ventre, sous sa redingote dont on avait, le matin même, effacé avec soin toutes les taches, et il répandait autour de lui cette odeur de benzine des jours de sortie, qui me faisait reconnaître les dimanches.

Tout à coup, il avisa deux dames élégantes à qui

2 **chauffer:** hier: unter Dampf stehen.
Granville: Badeort am Ärmelkanal an der Ostseite der Bucht des Mont Saint Michel mit Fährverbindung nach Jersey.
3 **effaré, e:** aufgeregt, durcheinander.
un embarquement: Einschiffung, Verladung.
4 **le colis:** Gepäckstück.
6 **la couvée:** Gelege, Brut.
10 **le bâtiment:** Schiff.
12 **le marbre:** Marmor.
13 **s'enfuir:** entschwinden.
17 **répandre:** verbreiten.
18 **la sortie:** Ausflug, Spaziergang, Spazierfahrt.
20 **aviser:** bemerken.

deux messieurs offraient des huîtres. Un vieux matelot déguenillé ouvrait d'un coup de couteau les coquilles et les passait aux messieurs, qui les tendaient ensuite aux dames. Elles mangeaient d'une manière délicate, en tenant l'écaille sur un mouchoir fin et en avançant la bouche pour ne point tacher leurs robes. Puis elles buvaient l'eau d'un petit mouvement rapide et jetaient la coquille à la mer.

Mon père, sans doute, fut séduit par cet acte distingué de manger des huîtres sur un navire en marche. Il trouva cela bon genre, raffiné, supérieur, et il s'approcha de ma mère et de mes sœurs en demandant:

«Voulez-vous que je vous offre quelques huîtres?»

Ma mère hésitait, à cause de la dépense; mais mes deux sœurs acceptèrent tout de suite. Ma mère dit, d'un ton contrarié:

«J'ai peur de me faire mal à l'estomac. Offre ça aux enfants seulement, mais pas trop, tu les rendrais malades.»

Puis, se tournant vers moi, elle ajouta:

1 **une huître:** Auster.
1f. **le matelot:** Matrose.
2 **déguenillé, e:** zerlumpt, abgerissen.
2f. **la coquille:** (Austern-)Schale.
5 **délicat, e:** elegant, geschickt.
une écaille: (Austern-)Schale.
9 **séduire qn** (fig.): jdn. beeindrucken, bezaubern.
9f. **distingué, e:** vornehm.
11 **bon genre:** stilvoll, gepflegt.
raffiné, e: fein, erlesen.
15 **la dépense:** Ausgabe, Aufwendung.
17 **contrarié, e:** ärgerlich, verstimmt.

«Quant à Joseph, il n'en a pas besoin; il ne faut point gâter les garçons.»

Je restai donc à côté de ma mère, trouvant injuste cette distinction. Je suivais de l'œil mon père, qui conduisait pompeusement ses deux filles et son gendre vers le vieux matelot déguenillé.

Les deux dames venaient de partir, et mon père indiquait à mes sœurs comment il fallait s'y prendre pour manger sans laisser couler l'eau; il voulut même donner l'exemple et il s'empara d'une huître. En essayant d'imiter les dames, il renversa immédiatement tout le liquide sur sa redingote et j'entendis ma mère murmurer:

«Il ferait mieux de se tenir tranquille.»

Mais tout à coup mon père me parut inquiet; il s'éloigna de quelques pas, regarda fixement sa famille pressée autour de l'écailleur, et, brusquement, il vint vers nous. Il me sembla fort pâle, avec des yeux singuliers. Il dit, à mi-voix, à ma mère:

«C'est extraordinaire, comme cet homme qui ouvre les huîtres ressemble à Jules.»

2 **gâter:** verwöhnen.
5f. **le gendre:** Schwiegersohn.
8 **s'y prendre:** sich anstellen, vorgehen.
10 **s'emparer de qc:** etwas ergreifen.
13 **murmurer:** murmeln, flüstern.
16 **fixement:** starr, unverwandt.
17 **pressé, e:** aneinandergedrängt, eng beisammenstehend.
un écailleur: Mann, der die Austern öffnet.
brusquement: plötzlich, unvermittelt.
18f. **singulier, ière:** sonderbar, merkwürdig.
19 **à mi-voix:** halblaut.
20 **extraordinaire:** erstaunlich, außergewöhnlich.

Ma mère, interdite, demanda:

«Quel Jules? ...»

Mon père reprit:

«Mais ... mon frère ... Si je ne le savais pas en bonne position, en Amérique, je croirais que c'est lui.»

Ma mère effarée balbutia:

«Tu es fou! Du moment que tu sais bien que ce n'est pas lui, pourquoi dire ces bêtises-là?»

Mais mon père insistait:

«Va donc le voir, Clarisse; j'aime mieux que tu t'en assures toi-même, de tes propres yeux.»

Elle se leva et alla rejoindre ses filles. Moi aussi, je regardais l'homme. Il était vieux, sale, tout ridé, et ne détournait pas le regard de sa besogne.

Ma mère revint. Je m'aperçus qu'elle tremblait. Elle prononça très vite:

«Je crois que c'est lui. Va donc demander des renseignements au capitaine. Surtout sois prudent, pour que ce garnement ne nous retombe pas sur les bras, maintenant!»

1 **interdit, e:** bestürzt, verblüfft.
7 **effaré, e:** fassungslos, verstört.
balbutier: stammeln, stottern.
8 **fou, folle:** verrückt.
du moment que: da, da ... doch.
12 **s'assurer:** sich versichern, sich überzeugen.
13 **rejoindre qn:** zu jdm. hingehen.
14 **ridé, e:** faltig, runzlig.
15 **la besogne:** Arbeit.
16 **s'apercevoir:** bemerken, gewahr werden.
20 **le garnement:** Taugenichts.
retomber sur les bras: (wieder) zur Last fallen.

Mon père s'éloigna, mais je le suivis. Je me sentais étrangement ému.

Le capitaine, un grand monsieur, maigre, à longs favoris, se promenait sur la passerelle d'un air important, comme s'il eût commandé le courrier des Indes.

Mon père l'aborda avec cérémonie, en l'interrogeant sur son métier avec accompagnement de compliments:

«Quelle était l'importance de Jersey? Ses productions? Sa population? Ses mœurs? Ses coutumes? La nature du sol», etc., etc.

On eût cru qu'il s'agissait au moins des États-Unis d'Amérique.

Puis on parla du bâtiment qui nous portait, l'*Express;* puis on en vint à l'équipage. Mon père, enfin, d'une voix troublée:

«Vous avez là un vieil écailleur d'huîtres qui paraît bien intéressant. Savez-vous quelques détails sur ce bonhomme?»

Le capitaine, que cette conversation finissait par irriter, répondit sèchement:

4 **les favoris** (m., pl.): Backenbart.
la passerelle: Kommandobrücke.
4f. **d'un air important:** mit wichtiger Miene und Haltung.
5 **le courrier des Indes:** Postschiff nach Indien.
6 **aborder:** ansprechen.
avec cérémonie (f.): umständlich, förmlich.
7 **avec accompagnement** (m.) **de qc:** mit etwas verbunden.
9 **la coutume:** Brauch, Sitte.
10 **la nature:** Beschaffenheit.
14 **un équipage:** Mannschaft, Crew.
15 **troublé, e:** erregt, verwirrt.
18 **le bonhomme:** Mann, Kerl.
19f. **irriter:** auf die Nerven gehen, ärgern.

«C'est un vieux vagabond français que j'ai trouvé en Amérique l'an dernier, et que j'ai rapatrié. Il a, paraît-il, des parents au Havre, mais il ne veut pas retourner près d'eux, parce qu'il leur doit de l'argent. Il s'appelle Jules ... Jules Darmanche ou Darvanche, quelque chose comme ça, enfin. Il paraît qu'il a été riche un moment là-bas, mais vous voyez où il en est réduit maintenant.»

Mon père qui devenait livide, articula, la gorge serrée, les yeux hagards:

«Ah! ah! très bien ..., fort bien ... Cela ne m'étonne pas ... Je vous remercie beaucoup, capitaine.»

Et il s'en alla, tandis que le marin le regardait s'éloigner avec stupeur.

Il revint auprès de ma mère, tellement décomposé qu'elle lui dit:

«Assieds-toi; on va s'apercevoir de quelque chose.»

Il tomba sur le banc en bégayant:

«C'est lui, c'est bien lui!»

Puis il demanda:

«Qu'allons-nous faire? ...»

Elle répondit vivement:

2 **rapatrier:** in die Heimat zurückbringen.
7f. **où il en est réduit:** wie tief er gesunken ist, wie weit es mit ihm gekommen ist.
9 **livide:** leichenblass.
articuler: (aus)sprechen, hervorbringen.
10 **hagard, e:** verstört.
14 **la stupeur:** Verblüffung.
15 **auprès de:** zu, neben.
décomposé, e: aufgelöst, durcheinander, verstört.
18 **bégayer:** stottern, stammeln.

«Il faut éloigner les enfants. Puisque Joseph sait tout, il va aller les chercher. Il faut prendre garde surtout que notre gendre ne se doute de rien.»

Mon père paraissait atterré. Il murmura:

«Quelle catastrophe!»

Ma mère ajouta, devenue tout à coup furieuse:

«Je me suis toujours doutée que ce voleur ne ferait rien, et qu'il nous retomberait sur le dos! Comme si on pouvait attendre quelque chose d'un Davranche! ...»

Et mon père se passa la main sur le front, comme il faisait sous les reproches de sa femme.

Elle ajouta:

«Donne de l'argent à Joseph pour qu'il aille payer ces huîtres, à présent. Il ne manquerait plus que d'être reconnus par ce mendiant. Cela ferait un joli effet sur le navire. Allons-nous-en à l'autre bout, et fais en sorte que cet homme n'approche pas de nous!»

Elle se leva, et ils s'éloignèrent après m'avoir remis une pièce de cent sous.

Mes sœurs, surprises, attendaient leur père. J'affirmai que maman s'était trouvée un peu gênée par la mer, et je demandai à l'ouvreur d'huîtres:

«Combien est-ce que nous vous devons, monsieur?»

2 **prendre garde:** aufpassen, Acht geben.
4 **atterré, e:** am Boden zerstört, niedergeschmettert.
7 **se douter:** ahnen, vermuten.
14 **à présent:** jetzt.
17 **faire en sorte que:** es so einrichten, dass ...
19 **remettre:** aushändigen, übergeben.
22 **gêné, e:** unwohl.

J'avais envie de dire: mon oncle.

Il répondit:

«Deux francs cinquante.»

Je tendis mes cent sous et il me rendit la monnaie.

Je regardais sa main, une pauvre main de matelot toute plissée, et je regardais son visage, un vieux et misérable visage, triste, accablé, en me disant:

«C'est mon oncle, le frère de papa, mon oncle!»

Je lui laissai dix sous de pourboire. Il me remercia:

«Dieu vous bénisse, mon jeune monsieur!»

Avec l'accent d'un pauvre qui reçoit l'aumône. Je pensai qu'il avait dû mendier, là-bas!

Mes sœurs me contemplaient, stupéfaites de ma générosité.

Quand je remis les deux francs à mon père, ma mère, surprise, demanda:

«Il y en avait pour trois francs? ... Ce n'est pas possible.»

Je déclarai d'une voix ferme:

«J'ai donné dix sous de pourboire.»

Ma mère eut un sursaut et me regarda dans les yeux:

1 **avoir envie de** (+ inf.): etwas gerne tun wollen.
6 **plissé, e:** faltig, runzlig, rissig.
7 **misérable:** elend, bedauernswert.
accablé, e: bedrückt.
9 **le pourboire:** Trinkgeld.
10 **bénir:** segnen.
11 **un accent:** Tonfall.
13 **contempler:** betrachten.
stupéfait, e: verblüfft, sprachlos.
13 f. **le générosité:** Großzügigkeit, Freigebigkeit.
19 **d'une voix ferme:** mit fester Stimme, entschieden.
21 **avoir un sursaut:** hochfahren, zusammenzucken.

«Tu es fou! Donner dix sous à cet homme, à ce gueux! ...»

Elle s'arrêta sous un regard de mon père, qui désignait son gendre.

Puis on se tut.

Devant nous, à l'horizon, une ombre violette semblait sortir de la mer. C'était Jersey.

Lorsqu'on approcha des jetées, un désir violent me vint au cœur de voir encore une fois mon oncle Jules, de m'approcher, de lui dire quelque chose de consolant, de tendre.

Mais, comme personne ne mangeait plus d'huîtres, il avait disparu, descendu sans doute au fond de la cale infecte où logeait ce misérable.

Et nous sommes revenus par le bateau de Saint-Malo, pour ne pas le rencontrer. Ma mère était dévorée d'inquiétude.

Je n'ai jamais revu le frère de mon père!

Voilà pourquoi tu me verras quelquefois donner cent sous aux vagabonds.

3f. **désigner qn:** auf jdn. hinweisen, deuten.
6 **une ombre:** Schatten.
8 **lorsque:** als.
13 **disparaître:** verschwinden.
14 **la cale:** Kielraum, Laderaum.
infect, e: stinkend, faulig, ekelhaft.
15f. **Saint-Malo:** Hafenstadt am Ärmelkanal westlich der Bucht des Mont Saint Michel.
16f. **dévoré, e:** (fig.) verzehrt, verschlungen.

Garçon, un bock! ...

À José Maria de Heredia.

Pourquoi suis-je entré, ce soir-là, dans cette brasserie? Je n'en sais rien. Il faisait froid. Une fine pluie, une poussière d'eau voltigeait, voilait les becs de gaz d'une brume transparente, faisait luire les trottoirs que traversaient les lueurs des devantures, éclairant la boue humide et les pieds sales des passants.

Je n'allais nulle part. Je marchais un peu après dîner. Je passai le Crédit Lyonnais, la rue Vivienne, d'autres rues encore. J'aperçus soudain une grande brasserie à moitié pleine. J'entrai, sans aucune raison. Je n'avais pas soif.

1 **un bock:** ein Glas Bier.
2 **José Maria de Heredia:** französischer Dichter (1842–1905), Angehöriger der Dichtergruppe »Parnasse«.
3f. **la brasserie:** Bräu, Gaststätte.
5 **voltiger:** hier: durch die Luft wirbeln.
voiler: verschleiern, trüben.
le bec de gaz: Gaslaterne.
6 **la brume:** Dunst, leichter Nebel.
7 **la lueur:** Licht, Lichtschein.
la devanture: Schaufenster, Auslage.
8 **la boue:** Schmutz.
9 **nulle part:** nirgendwohin.
10 **le Crédit Lyonnais:** große französische Bank; hier: Gebäude, Filiale (dieser Bank).
la rue Vivienne: Straße im 1. und 2. Pariser Arrondissement.

D'un coup d'œil je cherchai une place où je ne serais point trop serré, et j'allai m'asseoir à côté d'un homme qui me parut vieux et qui fumait une pipe de deux sous, en terre, noire comme un charbon. Six ou huit soucoupes de verre, empilées sur la table devant lui, indiquaient le nombre de bocks qu'il avait absorbés déjà. Je n'examinai pas mon voisin. D'un coup d'œil j'avais reconnu un bockeur, un de ces habitués de brasserie qui arrivent le matin, quand on ouvre, et s'en vont le soir, quand on ferme. Il était sale, chauve du milieu du crâne, tandis que de longs cheveux gras, poivre et sel, tombaient sur le col de sa redingote. Ses habits trop larges semblaient avoir été faits au temps où il avait du ventre. On devinait que le pantalon ne tenait guère et que cet homme ne pouvait faire dix pas sans rajuster et retenir ce vêtement mal attaché. Avait-il un gilet? La seule pensée des bottines et de

1 **d'un coup d'œil:** mit einem raschen Blick.
3f. **de deux sous:** billig (*le sou:* frühere französische Geldmünze von geringem Wert).
4 **en terre:** aus Ton.
5 **empiler qc:** etwas (auf)stapeln.
6f. **absorber:** zu sich nehmen.
8 **le bockeur:** gewohnheitsmäßiger Biertrinker.
un habitué: Stammgast.
10 **chauve:** kahlköpfig.
11 **le crâne:** Schädel.
12 **poivre et sel:** grau meliert.
le col: Kragen.
la redingote: Gehrock, taillierter Mantel.
16 **rajuster:** zurechtrücken, hochziehen.
mal attaché, e: schlecht sitzend (Kleidungsstück).
17 **le gilet:** (Anzug-)Weste.
la bottine: halbhoher Stiefel.

ce qu'elles enfermaient me terrifia. Les manchettes effiloquées étaient complètement noires du bord, comme les ongles.

Dès que je fus assis à son côté, ce personnage me dit d'une voix tranquille: «Tu vas bien?»

Je me tournai vers lui d'une secousse et je le dévisageai. Il reprit: «Tu ne me reconnais pas?»

– Non!

– Des Barrets.

Je fus stupéfait. C'était le comte Jean des Barrets, mon ancien camarade de collège.

Je lui serrai la main, tellement interdit que je ne trouvai rien à dire.

Enfin, je balbutiai: «Et toi, tu vas bien?»

Il répondit placidement: «Moi, comme je peux.»

Il se tut, je voulus être aimable, je cherchai une phrase: «Et … qu'est-ce que tu fais?»

Il répliqua avec résignation: «Tu vois.»

Je me sentis rougir. J'insistai: «Mais tous les jours?»

Il prononça, en soufflant d'épaisses bouffées de fumée: «Tous les jours c'est la même chose.»

2 **effiloqué, e** (rég.): *effiloché, e:* ausgefranst.
4 **dès que:** sobald.
6 **la secousse:** Schlag, Schock.
6f. **dévisager:** anstarren, mustern.
7 **reprendre:** das Gespräch fortsetzen.
10 **stupéfait, e:** verblüfft, sprachlos.
le comte: Graf.
12 **interdit, e:** verblüfft, bestürzt.
14 **balbutier:** stammeln, stottern.
15 **placidement:** ruhig, gelassen.
18 **répliquer:** erwidern.
20f. **la bouffée de fumée:** Rauchwolke.

Puis, tapant sur le marbre de la table avec un sou qui traînait, il s'écria: «Garçon, deux bocks!»

Une voix lointaine répéta: «Deux bocks au quatre!» Une autre voix plus éloignée encore lança un «Voila!» suraigu. Puis un homme en tablier blanc apparut, portant les deux bocks dont il répandait, en courant, les gouttes jaunes sur le sol sablé.

Des Barrets vida d'un trait son verre et le reposa sur la table, pendant qu'il aspirait la mousse restée en ses moustaches.

Puis il demanda: «Et quoi de neuf?»

Je ne savais rien de neuf à lui dire, en vérité. Je balbutiai: «Mais rien, mon vieux. Moi je suis commerçant.»

Il prononça de sa voix toujours égale: «Et … ça t'amuse?»

– Non, mais que veux-tu? Il faut bien faire quelque chose!

– Pourquoi ça?

– Mais … pour s'occuper.

– À quoi ça sert-il? Moi, je ne fais rien, comme tu

1 **le marbre:** Marmor(platte).
2 **traîner:** herumliegen.
s'écrier: ausrufen.
4 **lancer:** ausstoßen, von sich geben.
5 **suraigu, uë:** sehr durchdringend, schrill.
le tablier: Schürze.
6 **répandre:** verschütten, verteilen.
7 **sablé, e:** mit Sand bestreut.
8 **d'un trait:** in einem Zug.
9 **aspirer:** einsaugen, aufsaugen.
10 **les moustaches** (f.): Schnurrbart.

vois, jamais rien. Quand on n'a pas le sou, je comprends qu'on travaille. Quand on a de quoi vivre, c'est inutile. À quoi bon travailler? Le fais-tu pour toi ou pour les autres? Si tu le fais pour toi, c'est que ça t'amuse, alors très bien; si tu le fais pour les autres, tu n'es qu'un niais.

Puis, posant sa pipe sur le marbre, il cria de nouveau: «Garçon, un bock!» et reprit: «Ça me donne soif, de parler. Je n'en ai pas l'habitude. Oui, moi, je ne fais rien, je me laisse aller, je vieillis. En mourant je ne regretterai rien. Je n'aurai pas d'autre souvenir que cette brasserie. Pas de femme, pas d'enfants, pas de soucis, pas de chagrins, rien. Ça vaut mieux.»

Il vida le bock qu'on lui avait apporté, passa sa langue sur ses lèvres et reprit sa pipe.

Je le considérais avec stupeur. Je lui demandai: «Mais tu n'as pas toujours été ainsi?»

– Pardon, toujours, dès le collège.

– Ce n'est pas une vie, ça, mon bon. C'est horrible. Voyons, tu fais bien quelque chose, tu aimes quelque chose, tu as des amis.

– Non. Je me lève à midi. Je viens ici, je déjeune, je bois des bocks, j'attends la nuit, je dîne, je bois des bocks; puis, vers une heure et demie du matin, je retourne me coucher, parce qu'on ferme. C'est ce qui m'embête le plus. Depuis dix ans, j'ai bien passé six

1 **ne pas avoir le sou:** kein Geld haben.
2 **avoir de quoi vivre:** genug zum Leben, sein Auskommen haben.
6 **le niais:** Dummkopf.
9 **avoir l'habitude:** gewohnt sein.
13 **le chagrin:** Kummer, Leid.
16 **la stupeur:** Bestürzung, Verblüffung.

années sur cette banquette, dans mon coin; et le reste dans mon lit, jamais ailleurs. Je cause quelquefois avec des habitués.

– Mais, en arrivant à Paris, qu'est-ce que tu as fait tout d'abord?

– J'ai fait mon droit … au café de Médicis.

– Mais après?

– Après … j'ai passé l'eau et je suis venu ici.

– Pourquoi as-tu pris cette peine?

– Que veux-tu, on ne peut pas rester toute sa vie au quartier Latin. Les étudiants font trop de bruit. Maintenant je ne bougerai plus. Garçon, un bock!

Je croyais qu'il se moquait de moi. J'insistai.

«Voyons, sois franc. Tu as eu quelque gros chagrin? Un désespoir d'amour, sans doute? Certes, tu es un homme que le malheur a frappé. Quel âge as-tu?»

– J'ai trente-trois ans. Mais j'en parais au moins quarante-cinq.

Je le regardai bien en face. Sa figure ridée, mal soignée, semblait presque celle d'un vieillard. Sur le

2 **causer:** sich unterhalten, plaudern.
6 **faire son droit:** Jura studieren.
le café de Médicis: Lokal im Pariser Universitätsviertel Quartier Latin, dem Sitz der Sorbonne.
8 **passer l'eau:** hier: auf das andere Seine-Ufer wechseln.
9 **prendre la peine:** sich die Mühe machen.
14 **voyons:** aber, hör mal.
franc, franche: ehrlich.
15 **certes:** sicher, gewiss.
17 **au moins:** mindestens, wenigstens.
19 **regarder qn en face:** jdm. in die Augen schauen.
ridé, e: faltig, zerfurcht.
20 **le vieillard:** Greis.

sommet du crâne, quelques longs cheveux voltigeaient au-dessus de la peau d'une propreté douteuse. Il avait des sourcils énormes, une forte moustache et une barbe épaisse. J'eus brusquement, je ne sais pourquoi, la vision d'une cuvette pleine d'eau noirâtre, l'eau où aurait été lavé tout ce poil.

Je lui dis: «En effet, tu as l'air plus vieux que ton âge. Certainement tu as eu des chagrins.»

Il répliqua: «Je t'assure que non. Je suis vieux parce que je ne prends jamais l'air. Il n'y a rien qui détériore les gens comme la vie de café.»

Je ne le pouvais croire: «Tu as bien aussi fait la noce? On n'est pas chauve comme tu l'es sans avoir beaucoup aimé.»

Il secoua tranquillement le front, semant sur son dos les petites choses blanches qui tombaient de ses derniers cheveux: «Non, j'ai toujours été sage.» Et levant les yeux vers le lustre qui nous chauffait la tête:

1f. **voltiger:** hin und her fliegen, herumflattern.
2f. **douteux, euse:** zweifelhaft, nicht einwandfrei.
3 **le sourcil:** Augenbraue.
4 **brusquement:** plötzlich, unvermittelt.
5 **la vision:** Vorstellung, Bild.
la cuvette: Waschschüssel.
6 **noirâtre:** schwärzlich.
le poil: Körperhaar.
7 **avoir l'air vieux:** alt aussehen.
10 **prendre l'air:** an die frische Luft gehen.
10f. **détériorer:** schädigen.
12f. **faire la noce:** ein flottes, ausschweifendes Leben führen.
15 **secouer le front:** den Kopf schütteln.
semer: verstreuen.
18 **le lustre:** Lampe, Kronleuchter.

«Si je suis chauve, c'est la faute du gaz. Il est l'ennemi du cheveu. – Garçon, un bock! – Tu n'as pas soif?»

– Non, merci. Mais vraiment tu m'intéresses. Depuis quand as-tu un pareil découragement? Ça n'est pas normal, ça n'est pas naturel. Il y a quelque chose là-dessous.

– Oui, ça date de mon enfance. J'ai reçu un coup, quand j'étais petit, et cela m'a tourné au noir pour jusqu'à la, fin.

– Quoi donc?

– Tu veux le savoir? écoute.

*

Tu te rappelles bien le château où je fus élevé, puisque tu y es venu cinq ou six fois pendant les vacances? Tu te rappelles ce grand bâtiment gris, au milieu d'un grand parc, et les longues avenues de chênes, ouvertes vers les quatre points cardinaux! Tu te rappelles mon père et ma mère, tous les deux cérémonieux, solennels et sévères.

J'adorais ma mère; je redoutais mon père, et je les respectais tous les deux, accoutumé d'ailleurs à voir tout le monde courbé devant eux. Ils étaient, dans le

4 **le découragement:** Entmutigung, Depression.
7 **dater:** geschehen sein, entstanden sein.
8 **tourner qn au noir:** jdn. zum Pessimisten werden lassen.
15 **le chêne:** Eiche.
16 **les quatre points cardinaux:** die vier Himmelsrichtungen.
17 **cérémonieux, euse:** förmlich.
18 **solennel, le:** würdevoll, feierlich.
19 **redouter:** fürchten.
20 **accoutumé, e:** gewöhnt.
21 **courbé, e:** gebeugt, in unterwürfiger Haltung.

pays, M. le comte et Mme la comtesse; et nos voisins aussi, les Tannemare, les Ravalet, les Brenneville, montraient pour mes parents une considération supérieure.

J'avais alors treize ans. J'étais gai, content de tout, comme on l'est à cet âge-là, tout plein du bonheur de vivre.

Or, vers la fin de septembre, quelques jours avant ma rentrée au collège, comme je jouais à faire le loup dans les massifs du parc, courant au milieu des branches et des feuilles, j'aperçus, en traversant une avenue, papa et maman qui se promenaient.

Je me rappelle cela comme d'hier. C'était par un jour de grand vent. Toute la ligne des arbres se courbait sous les rafales, gémissait, semblait pousser des cris, de ces cris sourds, profonds, que les forêts jettent dans les tempêtes.

Les feuilles arrachées, jaunes déjà, s'envolaient comme des oiseaux, tourbillonnaient, tombaient puis couraient tout le long de l'allée, ainsi que des bêtes rapides.

1 **le pays:** Gegend, Umgebung.
la comtesse: Gräfin.
3 **la considération:** Achtung, Wertschätzung.
8 **or:** nun aber.
10 **le massif:** (kunstvoll angelegtes) Beet.
14 f. **se courber:** sich biegen.
15 **la rafale:** Windstoß, Bö.
gémir: ächzen.
16 **sourd, e:** dumpf.
18 **s'envoler:** wegfliegen.
19 **tourbillonner:** umherwirbeln.
20 **tout le long de:** entlang.

Le soir venait. Il faisait sombre dans les fourrés. Cette agitation du vent et des branches m'excitait, me faisait galoper comme un fou, et hurler pour imiter les loups.

Dès que j'eus aperçu mes parents, j'allai vers eux à pas furtifs, sous les branches, pour les surprendre, comme si j'eusse été un rôdeur véritable.

Mais je m'arrêtai, saisi de peur, à quelques pas d'eux. Mon père, en proie à une terrible colère, criait:

«Ta mère est une sotte; et, d'ailleurs, ce n'est pas de ta mère qu'il s'agit, mais de toi. Je te dis que j'ai besoin de cet argent, et j'entends que tu signes.»

Maman répondit, d'une voix ferme:

«Je ne signerai pas. C'est la fortune de Jean, cela. Je la garde pour lui et je ne veux pas que tu la manges

1 **sombre:** dunkel, finster.
le fourré: Gesträuch, Dickicht.
2 **une agitation:** heftige Bewegung.
exciter: erregen.
3 **le fou:** Verrückter.
hurler: heulen.
5f. **aller à pas furtifs:** sich heranschleichen (*furtif, ive:* verstohlen, heimlich, unauffällig).
6 **surprendre:** überraschen.
7 **le rôdeur:** Herumtreiber.
9 **(être) en proie à qc:** von etwas gepackt, heimgesucht sein (*la proie:* Beute).
10 **la sotte:** Närrin, dumme Gans.
12 **entendre:** hier: verlangen, darauf bestehen.
signer: unterschreiben.
13 **d'une voix ferme:** mit fester Stimme, entschieden.
14 **la fortune:** Vermögen.
15 **garder:** bewahren, aufheben.
manger: hier: vergeuden, verschwenden.

encore avec des filles et des servantes, comme tu as fait de ton héritage.»

Alors papa, tremblant de fureur, se retourna, et saisissant sa femme par le cou, il se mit à la frapper avec l'autre main de toute sa force, en pleine figure.

Le chapeau de maman tomba, ses cheveux dénoués se répandirent; elle essayait de parer les coups, mais elle n'y pouvait parvenir. Et papa, comme fou, frappait, frappait. Elle roula par terre, cachant sa face dans ses deux bras. Alors il la renversa sur le dos pour la battre encore, écartant les mains dont elle se couvrait le visage.

Quant à moi, mon cher, il me semblait que le monde allait finir, que les lois éternelles étaient changées. J'éprouvais le bouleversement qu'on a devant les choses surnaturelles, devant les catastrophes monstrueuses, devant les irréparables désastres. Ma tête

2 **un héritage:** Erbe, Erbteil.
3 **la fureur:** Wut.
3f. **saisir:** ergreifen, packen.
6 **dénoué, e:** gelöst, offen.
7 **se répandre:** sich ausbreiten, sich ergießen.
parer: abwehren, abfangen.
7f. **mais elle n'y pouvait parvenir:** aber sie konnte nichts ausrichten.
8 **fou, folle:** verrückt, wahnsinnig.
9 **par terre:** auf dem Boden, auf der Erde.
la face: Gesicht.
11 **écarter:** beiseite schieben.
14 **éternel, le:** ewig, unveränderlich.
15 **éprouver:** empfinden, verspüren.
le bouleversement: Erschütterung, Verstörtheit.
16f. **monstrueux, euse:** ungeheuerlich, grauenhaft.
17 **irréparable:** nicht wieder gutzumachen(d).
le désastre: Unheil, Katastrophe.

d'enfant s'égarait, s'affolait. Et je me mis à crier de toute ma force, sans savoir pourquoi, en proie à une épouvante, à une douleur, à un effarement épouvantables. Mon père m'entendit, se retourna, m'aperçut, et, se relevant, s'en vint vers moi. Je crus qu'il m'allait tuer et je m'enfuis comme un animal chassé, courant tout droit devant moi, dans le bois.

J'allai peut-être une heure, peut-être deux, je ne sais pas. La nuit étant venue, je tombai sur l'herbe, et je restai là éperdu, dévoré par la peur, rongé par un chagrin capable de briser à jamais un pauvre cœur d'enfant. J'avais froid, j'avais faim peut-être. Le jour vint. Je n'osais plus me lever, ni marcher, ni revenir, ni me sauver encore, craignant de rencontrer mon père que je ne voulais plus revoir.

Je serais peut-être mort de misère et de famine au pied de mon arbre, si le garde ne m'avait découvert et ramené de force.

Je trouvai mes parents avec leur visage ordinaire. Ma mère me dit seulement: «Comme tu m'as fait

1 **s'égarer:** in Verwirrung geraten.
s'affoler: wahnsinnig werden.
3 **une épouvante:** Grauen, Entsetzen.
un effarement: Verwirrung, Bestürzung.
5 **s'en venir vers qn:** auf jdn. zugehen.
10 **éperdu, e:** außer sich, verzweifelt.
dévoré, e: (fig.) verzehrt, verschlungen.
rongé, e: gepeinigt.
11 **briser:** (zer)brechen.
14 **se sauver:** weglaufen.
16 **la famine:** Hunger.
17 **le garde:** Wächter, Aufseher.
18 **de force:** mit Gewalt, zwangsweise.

peur, vilain garçon, j'ai passé la nuit sans dormir.» Je ne répondis point, mais je me mis à pleurer. Mon père ne prononça pas une parole.

Huit jours plus tard, je rentrais au collège.

Eh bien, mon cher, c'était fini pour moi. J'avais vu l'autre face des choses, la mauvaise; je n'ai plus aperçu la bonne depuis ce jour-là. Que s'est-il passé dans mon esprit? Quel phénomène étrange m'a retourné les idées? Je l'ignore. Mais je n'ai plus eu de goût pour rien, envie de rien, d'amour pour personne, de désir quelconque, d'ambition ou d'espérance. Et j'aperçois toujours ma pauvre mère, par terre, dans l'allée, tandis que mon père l'assommait. – Maman est morte après quelques années. Mon père vit encore. Je ne l'ai pas revu. – Garçon, un bock! …

*

On lui apporta un bock qu'il engloutit d'une gorgée. Mais, en reprenant sa pipe, comme il tremblait, il la cassa. Alors il eut un geste désespéré, et il dit: «Tiens!

1 **vilain, aine:** böse, ungezogen.
2 **ne … point** (litt. et rég.): (gar) nicht.
6 **la mauvaise face:** Kehrseite.
9f. **avoir du goût pour qc:** Freude an etwas haben.
10 **avoir envie de qc:** Lust auf etwas haben.
11 **quelconque:** irgendeine(r, s).
une ambition: Ehrgeiz.
13 **assommer:** niederschlagen.
17 **engloutir:** gierig hinunterschlucken.
d'une gorgée: in einem Zug.

C'est un vrai chagrin, ça, par exemple. J'en ai pour un mois à en culotter une nouvelle.»

Et il lança à travers la vaste salle, pleine maintenant de fumée et de buveurs, son éternel cri: «Garçon, un bock – et une pipe neuve!»

1f. **en avoir pour un mois:** einen Monat brauchen.
2 **culotter (une pipe):** eine Pfeife einrauchen.
3 **à travers:** quer durch.
vaste: geräumig, weitläufig.

Un parricide

L'avocat avait plaidé la folie. Comment expliquer autrement ce crime étrange?

On avait retrouvé un matin, dans les roseaux, près de Chatou, deux cadavres enlacés, la femme et l'homme, deux mondains connus, riches, plus tout jeunes, et mariés seulement de l'année précédente, la femme n'étant veuve que depuis trois ans.

On ne leur connaissait point d'ennemis, ils n'avaient pas été volés. Il semblait qu'on les eût jetés de la berge dans la rivière, après les avoir frappés, l'un après l'autre, avec une longue pointe de fer.

L'enquête ne faisait rien découvrir. Les mariniers interrogés ne savaient rien; on allait abandonner l'af-

1 **le parricide:** Vater-, Muttermord; Vater-, Muttermörder.
2 **plaider la folie:** auf geistige Umnachtung, auf Unzurechnungsfähigkeit plädieren.
4 **le roseau:** Schilfrohr.
5 **Chatou:** Stadt an der Seine im Departement Yvelines (Île-de-France).
le cadavre: Leiche.
enlacé, e: sich umschlungen haltend.
6 **le mondaine / la mondaine:** Mann, Dame von Welt.
7 **précédent, e:** vorhergehend, vorig.
9 **ne … point** (litt. et rég.): (gar) nicht.
11 **la berge:** Uferböschung.
13 **une enquête:** Nachforschung, Untersuchung.
le marinier: Flussschiffer.

faire, quand un jeune menuisier d'un village voisin, nommé Georges Louis, dit Le Bourgeois, vint se constituer prisonnier.

À toutes les interrogations, il ne répondit que ceci: «Je connaissais l'homme depuis deux ans, la femme depuis six mois. Ils venaient souvent me faire réparer des meubles anciens, parce que je suis habile dans le métier.»

Et quand on lui demandait:

«Pourquoi les avez-vous tués?»

Il répondait obstinément:

«Je les ai tués parce que j'ai voulu les tuer.»

On n'en put tirer autre chose.

Cet homme était un enfant naturel sans doute, mis autrefois en nourrice dans le pays, puis abandonné. Il n'avait pas d'autre nom que Georges Louis, mais comme, en grandissant, il devint singulièrement intelligent, avec des goûts et des délicatesses natives que n'avaient point ses camarades, on le surnomma: «le bourgeois», et on ne l'appelait plus autrement. Il pas-

1 **le menuisier:** Tischler, Schreiner.
2f. **se constituer prisonnier:** sich der Polizei stellen.
7 **habile:** geschickt, fähig.
11 **obstinément:** hartnäckig, stur.
14 **un enfant naturel:** uneheliches Kind.
14f. **mettre qn en nourrice:** jdn. einer Amme übergeben, in Pflege geben.
15 **le pays:** Gegend, Umgebung, Ortschaft.
17 **singulièrement:** überaus, ungemein.
18 **la délicatesse:** Feingefühl, Feinheit.
natif, ive: angeboren, natürlich.
19 **surnommer qn:** jdm. einen Beinamen, Spitznamen geben.
20f. **passer pour:** gelten als.

sait pour remarquablement adroit dans le métier de menuisier qu'il avait adopté. Il faisait même un peu de sculpture sur bois. On le disait aussi fort exalté, partisan des doctrines communistes et même nihilistes, grand liseur de romans d'aventures, de romans à drames sanglants, électeur influent et orateur habile dans les réunions publiques d'ouvriers ou de paysans.

L'avocat avait plaidé la folie.

Comment pouvait-on admettre, en effet, que cet ouvrier eût tué ses meilleurs clients, des clients riches et généreux (il le reconnaissait), qui lui avaient fait faire depuis deux ans, pour trois mille francs de travail (ses livres en faisaient foi). Une seule explication se présentait: la folie, l'idée fixe du déclassé qui se venge sur deux bourgeois de tous les bourgeois et l'avocat fit une allusion habile à ce surnom de LE BOURGEOIS, donné par le pays à cet abandonné; il s'écriait:

«N'est-ce pas une ironie, et une ironie capable

3 **la sculpture sur bois:** Holzschnitzerei.
exalté, e: überschwänglich, überspannt.
4 **le partisan:** Anhänger, Verfechter.
6 **sanglant, e:** (fig.) blutig.
un électeur: Wahlberechtigter, Wähler.
influent, e: einflussreich.
un orateur: Redner.
9 **admettre:** gelten lassen, zugestehen.
11 **reconnaître:** anerkennen.
13 **faire foi:** verbindliche Auskunft geben.
14 **le déclassé:** (sozial) Zurückgesetzter.
16 **une allusion:** Anspielung.
18 **s'écrier:** ausrufen.

d'exalter encore ce malheureux garçon qui n'a ni père ni mère? C'est un ardent républicain. Que dis-je? Il appartient même à ce parti politique que la République fusillait et déportait naguère, qu'elle accueille aujourd'hui à bras ouverts, à ce parti pour qui l'incendie est un principe et le meurtre un moyen tout simple.

Ces tristes doctrines, acclamées maintenant dans les réunions publiques, ont perdu cet homme. Il a entendu des républicains, des femmes même, oui, des femmes! demander le sang de M. Gambetta, le sang de M. Grévy; son esprit malade a chaviré; il a voulu du sang, du sang de bourgeois!

Ce n'est pas lui qu'il faut condamner, messieurs, c'est la Commune!»

1 **exalter:** leidenschaftlich erregen, mitreißen.
2 **ardent, e:** glühend, leidenschaftlich.
le républicain: Republikaner, Anhänger einer republikanischen Staatsform und Partei.
3f. **la République:** Dritte Republik, 1870 nach den Sturz Napoleons III. ausgerufen.
4 **fusiller:** erschießen (lassen).
déporter: deportieren, verschleppen.
naguère (litt.): unlängst, vor kurzem.
6 **le meurtre:** Mord.
7 **acclamer qn:** jdm. zujubeln, Beifall klatschen.
10 **Gambetta:** Léon G. (1838–82), Rechtsanwalt und Politiker, Gegner des 2. Kaiserreichs; rief am 4. September 1870 die Republik aus und bekämpfte als Führer der Republikaner in der Nationalversammlung die Bonapartisten und Klerikalen.
11 **Grévy:** Jules G. (1807–91), Präsident der Dritten Republik 1879–87.
chavirer: ins Wanken geraten; hier: in den Wahnsinn abgleiten.
14 **la Commune:** aus den Aufständen der Nationalgarde und sozialistischer Arbeiter in Paris nach dem Friedensschluss von 1871 hervorgegangene Gemeindeverwaltung von Paris, die auf eine demokratische und sozialistische Republik abzielte.

Des murmures d'approbation coururent. On sentait bien que la cause était gagnée pour l'avocat. Le ministère public ne répliqua pas.

Alors le président posa au prévenu la question d'usage:

«Accusé, n'avez-vous rien à ajouter pour votre défense?»

L'homme se leva:

Il était de petite taille, d'un blond de lin, avec des yeux gris, fixes et clairs. Une voix forte, franche et sonore sortait de ce frêle garçon et changeait brusquement, aux premiers mots, l'opinion qu'on s'était faite de lui.

Il parla hautement, d'un ton déclamatoire, mais si net que ses moindres paroles se faisaient entendre jusqu'au fond de la grande salle:

«Mon président, comme je ne veux pas aller dans une maison de fous, et que je préfère même la guillotine, je vais tout vous dire.

1 **le murmure d'approbation:** Beifallsgemurmel.
2 **la cause:** (Rechts-)Fall, Sache.
2f. **le ministère public:** Staatsanwaltschaft, Anklagevertretung.
3 **répliquer:** entgegnen, Widerspruch einlegen.
4 **le prévenu:** Beschuldigter, Angeklagter.
5 **d'usage:** üblich.
9 **d'un blond de lin:** flachsblond.
10 **fixe:** bestimmt, fest.
franc, franche: freimütig.
11 **frêle:** zierlich, feingliedrig.
11f. **brusquement:** plötzlich, unvermittelt.
14 **hautement:** geradeheraus, klar und deutlich.
déclamatoire: pathetisch.
15 **moindre:** hier: geringfügigste(r, s).
18 **la maison de fous** (m., pl.): Irrenanstalt.

J'ai tué cet homme et cette femme parce qu'ils étaient mes parents.

Maintenant, écoutez-moi et jugez-moi.»

*

Une femme, ayant accouché d'un fils, l'envoya quelque part en nourrice. Sut-elle seulement en quel pays son complice porta le petit être innocent, mais condamné à la misère éternelle, à la honte d'une naissance illégitime, plus que cela: à la mort, puisqu'on l'abandonna, puisque la nourrice, ne recevant plus la pension mensuelle, pouvait, comme elles font souvent, le laisser dépérir, souffrir de faim, mourir de délaissement.

La femme qui m'allaita fut honnête, plus honnête, plus femme, plus grande, plus mère que ma mère. Elle m'éleva. Elle eut tort en faisant son devoir. Il vaut mieux laisser périr ces misérables jetés aux villages des banlieues, comme on jette une ordure aux bornes.

Je grandis avec l'impression vague que je portais un déshonneur. Les autres enfants m'appelèrent un jour

4f. **quelque part:** irgendwohin.
8 **illégitime:** unehelich.
10 **la pension:** Unterhaltszahlung.
11 **dépérir:** allmählich zugrunde gehen.
11f. **le délaissement:** Vernachlässigung, Verlassenheit.
13 **allaiter:** stillen, nähren.
15 **avoir tort:** im Unrecht sein, einen Fehler machen.
16 **périr:** umkommen.
le misérable: Elender, Unglücklicher.
18 **la borne:** Grenzstein.
20 **le déshonneur:** Schande, Unehre.

«bâtard». Ils ne savaient pas ce que signifiait ce mot, entendu par l'un d'eux chez ses parents. Je l'ignorais aussi, mais je le sentis.

J'étais, je puis le dire, un des plus intelligents de l'école. J'aurais été un honnête homme, mon président, peut-être un homme supérieur, si mes parents n'avaient pas commis le crime de m'abandonner.

Ce crime, c'est contre moi qu'ils l'ont commis. Je fus la victime, eux furent les coupables. J'étais sans défense, ils furent sans pitié. Ils devaient m'aimer: ils m'ont rejeté.

Moi, je leur devais la vie – mais la vie est-elle un présent? La mienne, en tous cas, n'était qu'un malheur. Après leur honteux abandon, je ne leur devais plus que la vengeance. Ils ont accompli contre moi l'acte le plus inhumain, le plus infâme, le plus monstrueux qu'on puisse accomplir contre un être.

Un homme injurié frappe; un homme volé reprend son bien par la force. Un homme trompé, joué, martyrisé, tue; un homme souffleté tue; un homme dés-

1 **le bâtard** (péj.): Bastard, unehelich Geborener.
13 **le présent** (litt.): Geschenk.
le mien / la mienne: der, die, das meinige.
14 **honteux, euse:** schmählich, schändlich.
15 **la vengeance:** Vergeltung, Rache.
accomplir: ausführen, begehen.
16 **infâme:** niederträchtig, schändlich.
16f. **monstrueux, euse:** ungeheuerlich, grauenhaft.
18 **injurier:** beleidigen, beschimpfen.
19 **jouer qn:** jdn. täuschen, narren.
19f. **martyriser qn:** jdn. quälen, martern, peinigen.
20 **souffleter qn** (litt.): jdn. ohrfeigen.
20f. **déshonorer qn:** jdn. entehren.

honoré tue. J'ai été plus volé, trompé, martyrisé, souffleté moralement, déshonoré, que tous ceux dont vous absolvez la colère.

Je me suis vengé, j'ai tué. C'était mon droit légitime. J'ai pris leur vie heureuse en échange de la vie horrible qu'ils m'avaient imposée.

Vous allez parler de parricide! Étaient-ils mes parents, ces gens pour qui je fus un fardeau abominable, une terreur, une tache d'infamie; pour qui ma naissance fut une calamité et ma vie une menace de honte? Ils cherchaient un plaisir égoïste; ils ont eu un enfant imprévu. Ils ont supprimé l'enfant. Mon tour est venu d'en faire autant pour eux.

Et pourtant, dernièrement encore, j'étais prêt à les aimer.

Voici deux ans, je vous l'ai dit, que l'homme, mon père, entra chez moi pour la première fois. Je ne soupçonnais rien. Il me commanda deux meubles. Il avait pris, je le sus plus tard, des renseignements auprès du curé, sous le sceau du secret, bien entendu.

3 **absoudre qn:** jdn. freisprechen, jdm. vergeben.
5 **en échange de:** als Ersatz für, statt.
8 **le fardeau:** Last, Bürde.
8f. **abominable:** abscheulich, scheußlich.
9 **une infamie:** Schändlichkeit, Schandtat.
10 **la calamité:** Unglück, Katastrophe.
12 **imprévu, e:** unvorhergesehen, ungewollt.
12f. **mon tour est venu:** ich bin an der Reihe, am Zug.
13 **en faire autant à qn:** jdn. genauso behandeln.
14 **dernièrement:** kürzlich, vor kurzem.
18 **soupçonner:** Verdacht, Argwohn hegen, ahnen.
20 **sous le sceau du secret:** unter dem Siegel der Verschwiegenheit.
bien entendu: selbstverständlich, natürlich.

Il revint souvent; il me faisait travailler et payait bien. Parfois même il causait un peu de choses et d'autres. Je me sentais de l'affection pour lui.

Au commencement de cette année il amena sa femme, ma mère. Quand elle entra, elle tremblait si fort que je la crus atteinte d'une maladie nerveuse. Puis elle demanda un siège et un verre d'eau. Elle ne dit rien; elle regarda mes meubles d'un air fou, et elle ne répondait que oui et non, à tort et à travers, à toutes les questions qu'il lui posait! Quand elle fut partie, je la crus un peu toquée.

Elle revint le mois suivant. Elle était calme, maîtresse d'elle. Ils restèrent, ce jour-là, assez longtemps à bavarder, et ils me firent une grosse commande. Je la revis encore trois fois, sans rien deviner; mais un jour voilà qu'elle se mit à me parler de ma vie, de mon enfance, de mes parents. Je répondis: «Mes parents, madame, étaient des misérables qui m'ont abandonné.» Alors elle porta la main sur son cœur, et tomba sans connaissance. Je pensai tout de suite:

2 **causer:** plaudern, sich unterhalten.
2f. **de choses et d'autres:** über dies und jenes.
3 **une affection:** Zuneigung, Sympathie.
6 **atteint, e d'une maladie nerveuse:** von einer Nervenkrankheit befallen.
7 **le siège:** Stuhl, Sitzgelegenheit.
8 **d'un air fou:** mit verstörter Miene, mit irrem Blick (*fou, folle:* verrückt).
9 **à tort et à travers:** ohne Sinn und Verstand, ins Blaue hinein.
11 **toqué, e** (fam.): ein bisschen verrückt.
12f. **être maître, maîtresse de soi:** Herr seiner selbst sein, sich in der Gewalt haben.
18 **le misérable:** hier: (litt.) Schurke.
20 **sans connaissance** (f.): bewusstlos.

«C'est ma mère!» mais je me gardai bien de laisser rien voir. Je voulais la regarder venir.

Par exemple, je pris de mon côté mes renseignements. J'appris qu'ils n'étaient mariés que du mois de juillet précédent, ma mère n'étant devenue veuve que depuis trois ans. On avait bien chuchoté qu'ils s'étaient aimés du vivant du premier mari, mais on n'en avait aucune preuve. C'était moi la preuve, la preuve qu'on avait cachée d'abord, espéré détruire ensuite.

J'attendis. Elle reparut un soir, toujours accompagnée de mon père. Ce jour-là, elle semblait fort émue, je ne sais pourquoi. Puis, au moment de s'en aller, elle me dit: «Je vous veux du bien, parce que vous m'avez l'air d'un honnête garçon et d'un travailleur; vous penserez sans doute à vous marier quelque jour; je viens vous aider à choisir librement la femme qui vous conviendra. Moi, j'ai été mariée contre mon cœur une fois, et je sais comme on en souffre. Maintenant, je suis riche, sans enfant, libre, maîtresse de ma fortune. Voici votre dot.»

Elle me tendit une grande enveloppe cachetée.

Je la regardai fixement, puis je lui dis: «Vous êtes ma mère?»

6 **chuchoter:** flüstern.
7 **du vivant de:** zu Lebzeiten von.
10 **reparaître:** wieder erscheinen, wiederkommen.
14 **avoir l'air de:** aussehen, wirken wie, zu sein scheinen.
17 **convenir à qn:** zu jdm. passen, jdm. gefallen.
17f. **contre le cœur de qn:** gegen jds. Willen.
20 **le dot:** Aussteuer, Mitgift.
21 **cacheté, e:** versiegelt.
22 **regarder qn fixement:** jdm. fest in die Augen schauen, jdn. fixieren.

Elle recula de trois pas et se cacha les yeux de la main pour ne plus me voir. Lui, l'homme, mon père, la soutint dans ses bras et il me cria: «Mais vous êtes fou!»

Je répondis: «Pas du tout. Je sais bien que vous êtes mes parents. On ne me trompe pas ainsi. Avouez-le et je vous garderai le secret; je ne vous en voudrai pas; je resterai ce que je suis, un menuisier.»

Il reculait vers la sortie en soutenant toujours sa femme qui commençait à sangloter. Je courus fermer la porte, je mis la clef dans ma poche, et je repris: «Regardez-la donc et niez encore qu'elle soit ma mère.»

Alors il s'emporta, devenu très pâle, épouvanté par la pensée que le scandale évité jusqu'ici pouvait éclater soudain; que leur situation, leur renom, leur honneur seraient perdus d'un seul coup; il balbutiait: «Vous êtes une canaille qui voulez nous tirer de l'argent. Faites donc du bien au peuple, à ces manants-là, aidez-les, secourez-les!»

3 **soutenir:** stützen.
7 **garder le secret:** das Geheimnis wahren.
7f. **en vouloir à qn:** jdm. böse sein, jdm. etwas nachtragen.
10 **sangloter:** schluchzen.
14 **s'emporter:** in Zorn, außer sich geraten.
épouvanté, e: entsetzt, geängstigt.
15f. **éclater:** platzen, losbrechen; hier: offenbar werden.
16 **le renom:** Ansehen, (guter) Ruf.
16f. **un honneur:** Ehre.
17 **balbutier:** stammeln, stottern.
18 **la canaille:** Lump, Halunke.
19 **le manant:** (Bauern-)Lümmel, Rüpel.
20 **secourir:** unterstützen.

Ma mère, éperdue, répétait coup sur coup: «Allons-nous-en, allons-nous-en.»

Alors, comme la porte était fermée, il cria: «Si vous ne m'ouvrez pas tout de suite, je vous fais flanquer en prison pour chantage et violence!»

J'étais resté maître de moi; j'ouvris la porte et je les vis s'enfoncer dans l'ombre.

Alors il me sembla tout à coup que je venais d'être fait orphelin, d'être abandonné, poussé au ruisseau. Une tristesse épouvantable, mêlée de colère, de haine, de dégoût, m'envahit; j'avais comme un soulèvement de tout mon être, un soulèvement de la justice, de la droiture, de l'honneur, de l'affection rejetée. Je me mis à courir pour les rejoindre le long de la Seine qu'il leur fallait suivre pour gagner la gare de Chatou.

Je les rattrapai bientôt. La nuit était venue toute noire. J'allais à pas de loup sur l'herbe, de sorte qu'ils ne m'entendirent pas. Ma mère pleurait toujours.

1 **éperdu, e:** außer sich.
coup sur coup: ein ums andere Mal, schnell hintereinander.
4 **flanquer** (fam.): werfen, schmeißen.
5 **le chantage:** Erpressung.
7 **s'enfoncer:** sich hineinbegeben, verschwinden.
une ombre: Schatten, Dunkelheit.
9 **orphelin, ine:** verwaist (*un orphelin:* Waise).
le ruisseau: Gosse.
10 **mêlé, e:** vermischt.
11 **envahir:** überfallen, überfluten.
le soulèvement: Empörung, Revolte.
13 **la droiture:** Aufrichtigkeit, Redlichkeit.
14 **rejoindre qn:** jdn. einholen.
le long de: längs, entlang.
16 **rattraper qn:** jdn. einholen.
17 **à pas de loup:** auf leisen Sohlen.

Mon père disait: «C'est votre faute. Pourquoi avez-vous tenu à le voir! C'était une folie dans notre position. On aurait pu lui faire du bien de loin, sans se montrer. Puisque nous ne pouvons le reconnaître, à quoi servaient ces visites dangereuses?»

Alors, je m'élançai devant eux, suppliant. Je balbutiai: «Vous voyez bien que vous êtes mes parents. Vous m'avez déjà rejeté une fois, me repousserez-vous encore?»

Alors, mon président, il leva la main sur moi, je vous le jure sur l'honneur, sur la loi, sur la République. Il me frappa, et comme je le saisissais au collet, il tira de sa poche un revolver.

J'ai vu rouge, je ne sais plus, j'avais mon compas dans ma poche; je l'ai frappé, frappé tant que j'ai pu.

Alors elle s'est mise à crier: «Au secours! à l'assassin!» en m'arrachant la barbe. Il paraît que je l'ai tuée aussi. Est-ce que je sais, moi, ce que j'ai fait, à ce moment-là?

Puis, quand je les ai vus tous deux par terre, je les ai jetés à la Seine, sans réfléchir.

Voilà. – Maintenant, jugez-moi.

*

2 **tenir à faire qc:** darauf bestehen, etwas zu tun.
la folie: Wahnsinn, Irrsinn, Riesendummheit.
4 **reconnaître qn:** jdn. (als sein Kind) anerkennen.
6 **s'élancer:** vorstürmen, losstürzen.
supplier: anflehen.
12 **saisir:** packen, ergreifen.
le collet: Kragen.
14 **le compas:** Zirkel.
16 f. **un assassin:** Mörder.

L'accusé se rassit. Devant cette révélation, l'affaire à été reportée à la session suivante. Elle passera bientôt. Si nous étions jurés, que ferions-nous de ce parricide?

1 **se rasseoir:** sich wieder hinsetzen.
la révélation: Enthüllung.
2 **reporter:** verschieben, vertagen.
la session: Sitzung.
passer: hier: behandelt, verhandelt werden.

Aux champs

À Octave Mirbeau.

Les deux chaumières étaient côte à côte, au pied d'une colline, proches d'une petite ville de bains. Les deux paysans besognaient dur sur la terre inféconde pour élever tous leurs petits. Chaque ménage en avait quatre. Devant les deux portes voisines, toute la marmaille grouillait du matin au soir. Les deux aînés avaient six ans et les deux cadets quinze mois environ; les mariages, et, ensuite, les naissances s'étaient produites à peu près simultanément dans l'une et l'autre maison.

Les deux mères distinguaient à peine leurs produits dans le tas; et les deux pères confondaient tout à fait. Les huit noms dansaient dans leur tête, se mê-

2 **Octave Mirbeau:** französischer Schriftsteller (1848–1917).
3 **la chaumière:** (strohgedeckte) Hütte, einfaches Häuschen.
5 **besogner dur:** hart arbeiten, schuften.
infécond, e: unfruchtbar.
7f. **la marmaille** (fam.): Kinderschar, Gören.
8 **grouiller:** durcheinander rennen, sich tummeln.
un aîné / une aînée: Erstgeborene(r).
9 **le cadet / la cadette:** Jüngste(r).
13 **à peine:** kaum.
14 **confondre:** verwechseln.
15f. **se mêler:** sich vermischen.

laient sans cesse; et, quand il fallait en appeler un, les hommes souvent en criaient trois avant d'arriver au véritable.

La première des deux demeures, en venant de la station d'eaux de Rolleport, était occupée par les Tuvache, qui avaient trois filles et un garçon; l'autre masure abritait les Vallin, qui avaient une fille et trois garçons.

Tout cela vivait péniblement de soupe, de pommes de terre et de grand air. À sept heures, le matin, puis à midi, puis à six heures, le soir, les ménagères réunissaient leurs mioches pour donner la pâtée, comme des gardeurs d'oies assemblent leurs bêtes. Les enfants étaient assis, par rang d'âge, devant la table en bois, vernie par cinquante ans d'usage. Le dernier moutard avait à peine la bouche au niveau de la planche. On posait devant eux l'assiette creuse pleine de pain molli dans l'eau où avaient cuit les pommes de

1 **sans cesse:** ständig, dauernd.
4 **la demeure:** Wohnsitz, Haus.
5 **la station d'eaux:** Badeort, Kurort.
Rolleport: fiktiver Ortsname.
6f. **la masure:** (baufälliges) Haus, Hütte.
7 **abriter:** beherbergen, aufnehmen.
10 **le grand air:** frische Luft.
12 **le/la mioche** (fam.): Knirps, Gör.
donner la pâtée: abfüttern (*la pâtée:* Futter[brei] für Tiere).
13 **le gardeur d'oies** (f.): Gänsehirt.
15 **verni, e:** blank poliert.
16 **le moutard** (fam.): Knirps, Stöpsel.
16f. **la planche:** (Tisch-)Platte.
17 **une assiette creuse:** tiefer Teller, Suppenteller.
18 **mollir:** weich werden.
cuire: garen, kochen.

terre, un demi-chou et trois oignons; et toute la ligne mangeait jusqu'à plus faim. La mère empâtait elle-même le petit. Un peu de viande au pot-au-feu, le dimanche, était une fête pour tous; et le père, ce jour-là, s'attardait au repas en répétant: «Je m'y ferais bien tous les jours.»

Par un après-midi du mois d'août, une légère voiture s'arrêta brusquement devant les deux chaumières, et une jeune femme, qui conduisait elle-même, dit au monsieur assis à côté d'elle:

«Oh! regarde, Henri, ce tas d'enfants! Sont-ils jolis, comme ça, à grouiller dans la poussière!»

L'homme ne répondit rien, accoutumé à ces admirations qui étaient une douleur et presque un reproche pour lui.

La jeune femme reprit:

«Il faut que je les embrasse! Oh! comme je voudrais en avoir un, celui-là, le tout-petit.»

Et, sautant de la voiture, elle courut aux enfants, prit un des deux derniers, celui des Tuvache, et, l'enlevant dans ses bras, elle le baisa passionnément sur ses joues sales, sur ses cheveux blonds frisés et

1 **la ligne:** Kinderschar, Nachkommenschaft.
2 **manger jusqu'à plus faim** (fam.): sich satt essen.
empâter: hier: (mit dem Brei) füttern.
3 **le pot-au-feu:** Eintopf aus Fleisch und Gemüse.
5 **s'attarder:** sich aufhalten, verweilen.
s'y faire: sich daran gewöhnen.
8 **brusquement:** plötzlich.
13 **accoutumé, e:** gewöhnt.
16 **reprendre:** weiterreden, das Gespräch fortsetzen.
21 **passionnément:** leidenschaftlich.
22 **frisé, e:** lockig, gelockt.

pommadés de terre, sur ses menottes qu'il agitait pour se débarrasser des caresses ennuyeuses.

Puis elle remonta dans sa voiture et partit au grand trot. Mais elle revint la semaine suivante, s'assit elle-même par terre, prit le moutard dans ses bras, le bourra de gâteaux, donna des bonbons à tous les autres; et joua avec eux comme une gamine, tandis que son mari attendait patiemment dans sa frêle voiture.

Elle revint encore, fit connaissance avec les parents, reparut tous les jours, les poches pleines de friandises et de sous.

Elle s'appelait Mme Henri d'Hubières.

Un matin, en arrivant, son mari descendit avec elle; et, sans s'arrêter aux mioches, qui la connaissaient bien maintenant, elle pénétra dans la demeure des paysans.

Ils étaient là, en train de fendre du bois pour la soupe; ils se redressèrent tout surpris, donnèrent des

1 **pommadé, e:** hier: verschmiert.
les menottes (f., pl.): (Patsch-)Händchen.
agiter: hin und her bewegen, schwenken.
2 **la caresse:** Zärtlichkeit, Liebkosung.
3f. **au grand trot:** in scharfem Trab.
6 **bourrer:** voll stopfen.
7 **la gamine:** kleines Mädchen.
8 **frêle:** zierlich, fein.
10 **reparaître:** wieder erscheinen, wiederkommen.
11 **la friandise:** Süßigkeit, Leckerei.
les sous (m., pl., fam.): Geld.
15 **pénétrer:** eintreten, hineingehen.
17 **être en train de faire qc:** dabei sein, damit beschäftigt sein, etwas zu tun.
fendre: spalten.
18 **se redresser:** sich aufrichten.

chaises et attendirent. Alors la jeune femme, d'une voix entrecoupée, tremblante, commença:

«Mes braves gens, je viens vous trouver parce que je voudrais bien … je voudrais bien emmener avec moi votre … votre petit garçon …»

Les campagnards, stupéfaits et sans idée, ne répondirent pas.

Elle reprit haleine et continua.

«Nous n'avons pas d'enfants; nous sommes seuls, mon mari et moi … Nous le garderions … voulez-vous?»

La paysanne commençait à comprendre. Elle demanda:

«Vous voulez nous prend'e Charlot? Ah ben non, pour sûr.»

Alors M. d'Hubières intervint:

«Ma femme s'est mal expliquée. Nous voulons l'adopter, mais il reviendra vous voir. S'il tourne bien, comme tout porte à le croire, il sera notre héritier. Si nous avions, par hasard, des enfants, il partagerait également avec eux. Mais s'il ne répondait pas à nos

1 f. **d'une voix entrecoupée:** stockend, stammelnd.
3 **venir trouver qn:** jdn. aufsuchen, zu jdm. kommen.
6 **stupéfait, e:** verblüfft, sprachlos.
8 **reprendre haleine:** (wieder) Atem holen.
10 **garder:** behalten.
16 **intervenir:** eingreifen.
18 **tourner bien:** sich gut entwickeln.
19 **tout porte à le croire:** alles spricht dafür.
un héritier / une héritière: Erbe, -in.
21 **également:** zu gleichen Teilen.
répondre: entsprechen.

soins, nous lui donnerions, à sa majorité, une somme de vingt mille francs, qui sera immédiatement déposée en son nom chez un notaire. Et, comme on a aussi pensé à vous, on vous servira jusqu'à votre mort une rente de cent francs par mois. Avez-vous bien compris?»

La fermière s'était levée, toute furieuse.

«Vous voulez que j'vous vendions Charlot? Ah! mais non; c'est pas des choses qu'on d'mande à une mère, ça! Ah! mais non! Ce s'rait une abomination.»

L'homme ne disait rien, grave et réfléchi; mais il approuvait sa femme d'un mouvement continu de la tête.

Mme d'Hubières, éperdue, se mit à pleurer, et, se tournant vers son mari, avec une voix pleine de sanglots, une voix d'enfant dont tous les désirs ordinaires sont satisfaits, elle balbutia:

«Ils ne veulent pas, Henri, ils ne veulent pas!»

Alors ils firent une dernière tentative.

«Mais, mes amis, songez à l'avenir de votre enfant, à son bonheur, à …»

La paysanne, exaspérée, lui coupa la parole:

1 **la majorité:** Volljährigkeit.
2 **immédiatement:** umgehend, sofort.
4f. **servir une rente:** eine Rente auszahlen.
10 **une abomination:** Schändlichkeit, Abscheulichkeit.
12 **approuver:** billigen, zustimmen.
14 **éperdu, e:** außer sich, verzweifelt.
15f. **le sanglot:** Schluchzer.
17 **satisfait, e:** befriedigt, erfüllt.
balbutier: stammeln, stottern.
19 **la tentative:** Versuch.
22 **exaspéré, e:** wütend, erbittert.

«C'est tout vu, c'est tout entendu, c'est tout réfléchi … Allez-vous-en, et pi, que j'vous revoie point par ici. C'est-i permis d'vouloir prendre un éfant comme ça!»

Alors, Mme d'Hubières, en sortant, s'avisa qu'ils étaient deux tout-petits, et elle demanda à travers ses larmes, avec une ténacité de femme volontaire et gâtée, qui ne veut jamais attendre:

«Mais l'autre petit n'est pas à vous?»

Le père Tuvache répondit:

«Non, c'est aux voisins; vous pouvez y aller, si vous voulez.»

Et il rentra dans sa maison, où retentissait la voix indignée de sa femme.

Les Vallin étaient à table, en train de manger avec lenteur des tranches de pain qu'ils frottaient parcimonieusement avec un peu de beurre piqué au couteau, dans une assiette entre eux deux.

M. d'Hubières recommença ses propositions, mais avec plus d'insinuations, de précautions oratoires, d'astuce.

1 **c'est tout vu, c'est tout entendu …:** das ist ein für alle Mal erledigt, Schluss jetzt!
2 **(ne) … point** (litt. et rég.): (überhaupt) nicht.
4 **s'aviser:** bemerken, feststellen.
5f. **à travers ses larmes** (f.): durch ihre Tränen hindurch, unter Tränen.
6 **la ténacité:** Hartnäckigkeit, Willensstärke, Eigensinn.
6f. **gâté, e:** verwöhnt.
12 **retentir:** ertönen.
14f. **avec lenteur:** langsam, bedächtig.
15f. **parcimonieux, euse:** sehr sparsam.
16 **piquer:** aufspießen.
19 **une insinuation:** Andeutung, Schmeichelei.
la précaution oratoire: Vorsicht, Behutsamkeit beim Sprechen.
20 **une astuce:** Raffinesse, Schlauheit.

Les deux ruraux hochaient la tête en signe de refus; mais quand ils apprirent qu'ils auraient cent francs par mois, ils se considérèrent, se consultant de l'œil, très ébranlés.

Ils gardèrent longtemps le silence, torturés, hésitants. La femme enfin demanda:

«Qué qu't'en dis, l'homme?»

Il prononça d'un ton sentencieux:

«J'dis qu'c'est point méprisable.»

Alors Mme d'Hubières, qui tremblait d'angoisse, leur parla de l'avenir du petit, de son bonheur, et de tout l'argent qu'il pourrait leur donner plus tard.

Le paysan demanda:

«C'te rente de douze cents francs, ce s'ra promis d'vant l'notaire?»

M. d'Hubières répondit:

«Mais certainement, dès demain.»

La fermière, qui méditait, reprit:

«Cent francs par mois, c'est point suffisant pour nous priver du p'tit; ça travaillera dans qué'qu'z'ans c't'éfant; i nous faut cent vingt francs.»

1 **les ruraux** (m.): Landbewohner, Bauern.
hocher la tête: den Kopf schütteln.
3 **se considérer:** sich anschauen.
4 **ébranlé, e:** erschüttert, verunsichert.
5 **torturé, e:** gequält, gepeinigt.
8 **sententieux, euse:** schulmeisterlich, belehrend.
9 **point méprisable:** gar nicht zu verachten.
10 **une angoisse:** Angst, Beklemmung.
17 **dès demain:** gleich morgen.
18 **méditer:** nachdenken.
19 **suffisant, e:** genug, ausreichend.
20 **se priver de qn:** auf jdn. verzichten.

Mme d'Hubières, trépignant d'impatience, les accorda tout de suite; et, comme elle voulait enlever l'enfant, elle donna cent francs en cadeau pendant que son mari faisait un écrit. Le maire et un voisin, appelés aussitôt, servirent de témoins complaisants.

Et la jeune femme, radieuse, emporta le marmot hurlant, comme on emporte un bibelot désiré d'un magasin.

Les Tuvache, sur leur porte, le regardaient partir, muets, sévères, regrettant peut-être leur refus.

On n'entendit plus du tout parler du petit Jean Vallin. Les parents, chaque mois, allaient toucher leurs cent vingt francs chez le notaire; et ils étaient fâchés avec leurs voisins parce que la mère Tuvache les agonisait d'ignominies, répétant sans cesse de porte en porte qu'il fallait être dénaturé pour vendre

1 **trépigner:** von einem Fuß auf den anderen treten.
3 **le cadeau:** Geschenk.
4 **faire un écrit:** ein Schriftstück aufsetzen.
5 **aussitôt:** sofort.
le témoin: Zeuge.
5f. **complaisant, e:** gefällig, entgegenkommend.
7 **radieux, euse:** (freude)strahlend.
le marmot (fam.): Kerlchen, Knirps.
8 **hurler:** heulen, brüllen.
le bibelot: Nippfigur, Nippsache.
11 **muet, te:** stumm.
13 **toucher:** in Empfang nehmen.
14f. **être fâché, e avec qn:** mit jdm. zerstritten, böse sein.
16 **agoniser qn:** jdn. mit Beschimpfungen überschütten, anpöbeln.
une ignominie: Schimpf, Schande.
17 **dénaturé, e:** entartet (*une mère dénaturée:* Rabenmutter).

son enfant, que c'était une horreur, une saleté, une corromperie.

Et parfois elle prenait en ses bras son Charlot avec ostentation, lui criant, comme s'il eût compris:

«J't'ai pas vendu, mé j't'ai pas vendu, mon p'tiot. J'vends pas m's éfants, mé. J'sieus pas riche, mais vends pas m's'éfants.»

Et, pendant des années et encore des années, ce fut ainsi chaque jour; chaque jour des allusions grossières qui étaient vociférées devant la porte, de façon à entrer dans la maison voisine. La mère Tuvache avait fini par se croire supérieure à toute la contrée parce qu'elle n'avait pas vendu Charlot. Et ceux qui parlaient d'elle disaient:

«J'sais ben que c'était engageant, c'est égal, elle s'a conduite comme une bonne mère.»

On la citait; et Charlot, qui prenait dix-huit ans, élevé dans cette idée qu'on lui répétait sans répit, se

1 **une horreur:** Horror, Abscheulichkeit.
la saleté (fam.): Schweinerei, Unanständigkeit.
2 **la corromperie:** Wortschöpfung: Lumperei, Verkommenheit.
3f. **avec ostentation** (f.): prahlerisch, großtuerisch.
5 **mé:** *moi.*
9 **une allusion:** Anspielung.
grossier, ière: grob, derb.
10 **vociférer:** brüllen, zetern.
10f. **de façon à entrer dans la maison voisine:** so dass sie bis ins Nachbarhaus drangen.
12 **la contrée:** Gegend, Umgebung.
15 **engageant, e:** verlockend, reizvoll.
16 **se conduire:** sich verhalten, sich benehmen.
17 **citer:** zitieren, lobend erwähnen.
18 **sans répit** (m.): unablässig, unaufhörlich.

jugeait lui-même supérieur à ses camarades, parce qu'on ne l'avait pas vendu.

Les Vallin vivotaient à leur aise, grâce à la pension. La fureur inapaisable des Tuvache, restés misérables, venait de là.

Leur fils aîné partit au service. Le second mourut; Charlot resta seul à peiner avec le vieux père pour nourrir la mère et deux autres sœurs cadettes qu'il avait.

Il prenait vingt et un ans, quand, un matin, une brillante voiture s'arrêta devant les deux chaumières. Un jeune monsieur, avec une chaîne de montre en or, descendit, donnant la main à une vieille dame en cheveux blancs. La vieille dame lui dit:

«C'est là, mon enfant, à la seconde maison.»

Et il entra comme chez lui dans la masure des Vallin.

La vieille mère lavait ses tabliers; le père, infirme, sommeillait près de l'âtre. Tous deux levèrent la tête, et le jeune homme dit:

3 **vivoter:** dahinleben.
à l'aise (f.): bequem, in guten Verhältnissen.
4 **la fureur:** Wut.
inapaisable (litt.): unstillbar.
misérable: (sehr, bitter) arm.
6 **le service:** Militär-, Wehrdienst.
7 **peiner:** sich plagen, sich abmühen.
18 **le tablier:** Schürze.
infirme: gebrechlich, (alters)schwach.
19 **sommeiller:** im Halbschlaf sein, vor sich hin dösen.
un âtre: Feuerstelle.

«Bonjour, papa; bonjour, maman.»

Ils se dressèrent effarés. La paysanne laissa tomber d'émoi son savon dans son eau et balbutia:

«C'est-i té, m'n éfant? C'est-i té, m'n éfant?»

Il la prit dans ses bras et l'embrassa, en répétant: «Bonjour, maman.» Tandis que le vieux, tout tremblant, disait, de son ton calme qu'il ne perdait jamais: «Te v'la-t'il revenu, Jean?» Comme s'il l'avait vu un mois auparavant.

Et, quand ils se furent reconnus, les parents voulurent tout de suite sortir le fieu dans le pays pour le montrer. On le conduisit chez le maire, chez l'adjoint, chez le curé, chez l'instituteur.

Charlot, debout sur le seuil de sa chaumière, le regardait passer.

Le soir au souper, il dit aux vieux:

«Faut-il qu' vous ayez été sots pour laisser prendre le p'tit aux Vallin!»

Sa mère répondit obstinément:

«J'voulions point vendre not'éfant.»

2 **se dresser:** sich aufrichten.
effaré, e: fassungslos, verwirrt.
3 **un émoi:** Aufregung, Erregung.
4 **té**: *toi*.
9 **auparavant:** vorher, zuvor.
11 **le fieu** (dial.): Sohn.
le pays: (Heimat-)Ort, Gegend.
12 **un adjoint:** zweiter Bürgermeister, Stellvertreter.
14 **le seuil:** Türschwelle.
16 **le souper:** Abendessen.
17 **Faut-il que vous ayez été sots:** Wie konntet ihr nur so dumm sein … (*sot, sotte:* dumm).
19 **obstinément:** hartnäckig, starrsinnig.

Le père ne disait rien.

Le fils reprit:

«C'est-il pas malheureux d'être sacrifié comme ça.»

Alors le père Tuvache articula d'un ton coléreux:

«Vas-tu pas nous r'procher d' t'avoir gardé?»

Et le jeune homme, brutalement:

«Oui, j'vous le r'proche, que vous n'êtes que des niants. Des parents comme vous ça fait l'malheur des éfants. Qu'vous mériteriez que j'vous quitte.»

La bonne femme pleurait dans son assiette. Elle gémit tout en avalant des cuillerées de soupe dont elle répandait la moitié:

«Tuez-vous donc pour élever d's éfants!»

Alors le gars, rudement:

«J'aimerais mieux n'être point né que d'être c'que j'suis. Quand j'ai vu l'autre, tantôt, mon sang n'a fait qu'un tour. Je m'suis dit: – v'là c'que j'serais maintenant.»

Il se leva.

«Tenez, j'sens bien que je ferai mieux de n'pas rester ici, parce que j'vous le reprocherais du matin au

3 **il est malheureux:** es ist bedauerlich, schade.
sacrifier qn: jdn. opfern.
4 **articuler:** (deutlich aus)sprechen.
8 **le niant:** Neinsager (von *nier*).
9 **mériter:** verdienen, wert sein.
10f. **gémir:** seufzen, stöhnen.
12 **répandre:** verschütten.
14 **le gars** (fam.): Bursche, Kerl.
rudement: grob, derb.
16 **tantôt:** vorhin, heute Nachmittag.
16f. **mon sang n'a fait qu'un tour:** das Blut ist mir in den Adern gestockt.

soir, et que j'vous ferais une vie d'misère. Ça, voyez-vous, j'vous l'pardonnerai jamais!»

Les deux vieux se taisaient, atterrés, larmoyants.

Il reprit:

«Non, c't'idée-là, ce serait trop dur. J'aime mieux m'en aller chercher ma vie aut'part.»

Il ouvrit la porte. Un bruit de voix entra. Les Vallin festoyaient avec l'enfant revenu.

Alors Charlot tapa du pied et, se tournant vers ses parents, cria:

«Manants, va!»

Et il disparut dans la nuit.

3 **atterré, e:** bestürzt, niedergeschmettert.
larmoyant, e: mit Tränen in den Augen.
6 **aut'part** (dial.): *autre part:* anderswo.
8 **festoyer:** gut essen, schlemmen.
9 **taper du pied:** mit dem Fuß aufstampfen.
11 **manants, va!:** was für Bauerntrampel! (*le manant:* Bauerntölpel, Bauerntrampel).
12 **disparaître:** verschwinden.

Le Papa de Simon

Midi finissait de sonner. La porte de l'école s'ouvrit, et les gamins se précipitèrent en se bousculant pour sortir plus vite. Mais au lieu de se disperser rapidement et de rentrer dîner, comme ils le faisaient chaque jour, ils s'arrêtèrent à quelques pas, se réunirent par groupes et se mirent à chuchoter.

C'est que, ce matin-là, Simon, le fils de la Blanchotte, était venu à la classe pour la première fois.

Tous avaient entendu parler de la Blanchotte dans leurs familles; et quoiqu'on lui fît bon accueil en public, les mères la traitaient entre elles avec une sorte de compassion un peu méprisante qui avait gagné les enfants sans qu'ils sussent du tout pourquoi.

Quant à Simon, ils ne le connaissaient pas, car il ne sortait jamais, et il ne galopinait point avec eux dans

3 **le gamin:** Bub, Lausbub.
se précipiter: hinausstürmen.
se bousculer: sich drängeln, sich anrempeln.
4 **au lieu de:** anstatt.
se disperser: auseinander gehen, sich zerstreuen.
7 **chuchoter:** flüstern.
11 **faire bon accueil à qn:** jdn. freundlich aufnehmen.
13 **la compassion:** Anteilnahme, Mitgefühl.
méprisant, e: verächtlich, geringschätzig.
gagner qn: sich auf jdn. übertragen, sich jds. bemächtigen.
16 **galopiner:** herumtollen, sich herumtreiben.
ne … point (litt. et rég.): (gar) nicht.

les rues du village ou sur les bords de la rivière. Aussi ne l'aimaient-ils guère; et c'était avec une certaine joie, mêlée d'un étonnement considérable, qu'ils avaient accueilli et qu'ils s'étaient répété l'un à l'autre cette parole dite par un gars de quatorze ou quinze ans qui paraissait en savoir long tant il clignait finement des yeux:

«Vous savez ... Simon ... eh bien, il n'a pas de papa.»

Le fils de la Blanchotte parut à son tour sur le seuil de l'école.

Il avait sept ou huit ans. Il était un peu pâlot, très propre, avec l'air timide, presque gauche.

Il s'en retournait chez sa mère quand les groupes de ses camarades, chuchotant toujours et le regardant avec les yeux malins et cruels des enfants qui méditent un mauvais coup, l'entourèrent peu à peu et finirent par l'enfermer tout à fait. Il restait là, planté au

1 **aussi** (+ Inversion des Verbs): folglich.
3 **mêlé, e:** vermischt.
considérable: beträchtlich.
5 **le gars** (fam.): Kerl, Bursche.
6 **en savoir long:** gut Bescheid wissen, sich auskennen.
6f. **cligner des yeux:** (mit den Augen) zwinkern.
10 **à son tour:** seinerseits.
le seuil: Türschwelle.
12 **pâlot, te:** blässlich, bleich.
13 **avoir l'air** (m.) **timide:** verlegen aussehen, wirken.
gauche: linkisch, unbeholfen.
16 **malin, -ligne:** boshaft, tückisch.
cruel, le: grausam.
16f. **méditer:** im Sinn haben.
17 **le mauvais coup:** schlechter Streich, Gemeinheit.

milieu d'eux, surpris et embarrassé, sans comprendre ce qu'on allait lui faire. Mais le gars qui avait apporté la nouvelle, enorgueilli du succès obtenu déjà, lui demanda:

«Comment t'appelles-tu, toi?»

Il répondit: «Simon.

– Simon quoi?» reprit l'autre.

L'enfant répéta tout confus: «Simon.»

Le gars lui cria: «On s'appelle Simon quelque chose … c'est pas un nom, ça … Simon.»

Et lui, prêt à pleurer, répondit pour la troisième fois:

«Je m'appelle Simon.»

Les galopins se mirent à rire. Le gars triomphant éleva la voix: «Vous voyez bien qu'il n'a pas de papa.»

Un grand silence se fit. Les enfants étaient stupéfaits par cette chose extraordinaire, impossible, monstrueuse, – un garçon qui n'a pas de papa; – ils le regardaient comme un phénomène, un être hors de la nature, et ils sentaient grandir en eux ce mépris, inexpliqué jusque-là, de leurs mères pour la Blanchotte.

Quant à Simon, il s'était appuyé contre un arbre pour ne pas tomber; et il restait comme atterré par

1 **embarrassé, e:** verlegen, befangen.
3 **enorgueilli, e:** stolz.
14 **le galopin:** Spitzbube, Schlingel.
17 f. **stupéfait, e:** verblüfft, sprachlos.
18 f. **monstrueux, euse:** ungeheuerlich.
21 **le mépris:** Verachtung, Geringschätzung.
24 **atterré, e:** zerschmettert, überwältigt.

un désastre irréparable. Il cherchait à s'expliquer. Mais il ne pouvait rien trouver pour leur répondre, et démentir cette chose affreuse qu'il n'avait pas de papa. Enfin, livide, il leur cria à tout hasard: «Si, j'en ai un.

– Où est-il?» demanda le gars.

Simon se tut; il ne savait pas. Les enfants riaient, très excités; et ces fils des champs, plus proches des bêtes, éprouvaient ce besoin cruel qui pousse les poules d'une basse-cour à achever l'une d'entre elles aussitôt qu'elle est blessée. Simon avisa tout à coup un petit voisin, le fils d'une veuve, qu'il avait toujours vu, comme lui-même, tout seul avec sa mère.

«Et toi non plus, dit-il, tu n'as pas de papa.

– Si, répondit l'autre, j'en ai un.

– Où est-il? riposta Simon.

– Il est mort, déclara l'enfant avec une fierté superbe, il est au cimetière, mon papa.»

1 **le désastre:** Katastrophe, Unheil.
irréparable: nicht wieder gutzumachen(d).
3 **démentir:** bestreiten, widerlegen.
4 **livide:** leichenblass.
à tout hasard: auf gut Glück.
9 **éprouver:** verspüren, empfinden.
le besoin: Bedürfnis.
10 **la basse-cour:** Hühnerhof.
achever qn: jdm. den Gnadenstoß geben, den Garaus machen, jdn. umbringen.
10f. **aussitôt que:** sobald, sowie.
11 **aviser:** erblicken, bemerken.
12 **la veuve:** Witwe.
16 **riposter:** rasch entgegnen.
17f. **superbe:** (iron.) außerordentlich, prächtig.

Un murmure d'approbation courut parmi les garnements, comme si ce fait d'avoir son père mort au cimetière eût grandi leur camarade pour écraser cet autre qui n'en avait point du tout. Et ces polissons, dont les pères étaient, pour la plupart, méchants, ivrognes, voleurs et durs à leurs femmes, se bousculaient en se serrant de plus en plus, comme si eux, les légitimes, eussent voulu étouffer dans une pression celui qui était hors la loi.

L'un, tout à coup, qui se trouvait contre Simon, lui tira la langue d'un air narquois et lui cria:

«Pas de papa! pas de papa!»

Simon le saisit à deux mains aux cheveux et se mit à lui cribler les jambes de coups de pied, pendant qu'il lui mordait la joue cruellement. Il se fit une bousculade énorme. Les deux combattants furent séparés, et Simon se trouva frappé, déchiré, meurtri, roulé par terre, au milieu du cercle des galopins qui applaudissaient. Comme il se relevait, en nettoyant

1 **le murmure d'approbation:** Beifallsgemurmel.
1f. **le garnement:** Taugenichts, Galgenstrick.
2 **le fait:** Tatsache.
4 **le polisson:** Bengel, Lausbub.
5 **ivrogne:** trunksüchtig.
7 **légitime:** ehelich geboren.
8 **étouffer:** ersticken, den Atem nehmen.
9 **hors la loi:** vogelfrei, gesetzlos.
11 **narquois, oise:** spöttisch, hinterhältig.
13 **saisir:** packen, ergreifen.
14 **cribler de qc:** mit etwas eindecken, überschütten.
16 **la bousculade:** Gedränge, Geschubse.
17 **déchiré, e:** zerrissen.
meurtri, e: grün und blau geschlagen, verletzt.

machinalement avec sa main sa petite blouse toute sale de poussière, quelqu'un lui cria:

«Va le dire à ton papa.»

Alors il sentit dans son cœur un grand écroulement. Ils étaient plus forts que lui, ils l'avaient battu, et il ne pouvait point leur répondre, car il sentait bien que c'était vrai qu'il n'avait pas de papa. Plein d'orgueil, il essaya pendant quelques secondes de lutter contre les larmes qui l'étranglaient. Il eut une suffocation, puis, sans cris, il se mit à pleurer par grands sanglots qui le secouaient précipitamment.

Alors une joie féroce éclata chez ses ennemis, et naturellement, ainsi que les sauvages dans leurs gaietés terribles, ils se prirent par la main et se mirent à danser en rond autour de lui, en répétant comme un refrain: «Pas de papa! pas de papa!»

Mais Simon tout à coup cessa de sangloter. Une rage l'affola. Il y avait des pierres sous ses pieds; il les ramassa et, de toutes ses forces, les lança contre ses

1 **machinalement:** mechanisch, automatisch.
la blouse: Kittel.
4 **un écroulement:** Zusammenbruch.
7 **l'orgueil** (m.): Stolz.
8 **lutter:** kämpfen.
9 **la larme:** Träne.
étrangler: die Kehle zuschnüren.
la suffocation: Atemnot, Ersticken.
10 **le sanglot:** Schluchzer.
11 **secouer:** schütteln.
précipitamment: wild, heftig.
12 **féroce:** grausam, mitleidlos.
éclater: ausbrechen, sich entladen.
18 **affoler:** furchtbar erregen, kopflos machen.

bourreaux. Deux ou trois furent atteints et se sauvèrent en criant; et il avait l'air tellement formidable qu'une panique eut lieu parmi les autres. Lâches, comme l'est toujours la foule devant un homme exaspéré, ils se débandèrent et s'enfuirent.

Resté seul, le petit enfant sans père se mit à courir vers les champs, car un souvenir lui était venu qui avait amené dans son esprit une grande résolution. Il voulait se noyer dans la rivière.

Il se rappelait en effet que, huit jours auparavant, un pauvre diable qui mendiait sa vie s'était jeté dans l'eau parce qu'il n'avait plus d'argent. Simon était là lorsqu'on le repêchait; et le triste bonhomme, qui lui semblait ordinairement lamentable, malpropre et laid, l'avait alors frappé par son air tranquille, avec ses joues pâles, sa longue barbe mouillée et ses yeux ouverts, très calmes. On avait dit alentour: «Il est

1 **le bourreau:** Henker; hier: Peiniger.
2 **formidable:** Furcht erregend.
3 **avoir lieu:** sich ereignen; hier: ausbrechen.
lâche: feige.
4f. **exaspéré, e:** erbittert, außer sich.
5 **se débander:** auseinander laufen.
s'enfuir: die Flucht ergreifen.
9 **se noyer:** sich ertränken.
10 **auparavent:** vorher, zuvor.
11 **mendier sa vie:** seinen Lebensunterhalt zusammenbetteln.
13 **lorsque:** als.
repêcher: herausfischen, aus dem Wasser ziehen.
le bonhomme: Mann, Kerl.
14 **lamentable:** jämmerlich, beklagenswert.
malpropre: unsauber, schmuddelig.
15 **frapper qn:** jdn. überraschen, jdm. auffallen.
17 **alentour:** ringsum.

mort.» Quelqu'un avait ajouté: «Il est bien heureux maintenant.» Et Simon voulait aussi se noyer, parce qu'il n'avait pas de père, comme ce misérable qui n'avait pas d'argent.

Il arriva tout près de l'eau et la regarda couler. Quelques poissons folâtraient, rapides, dans le courant clair, et, par moments, faisaient un petit bond et happaient des mouches voltigeant à la surface. Il cessa de pleurer pour les voir, car leur manège l'intéressait beaucoup. Mais, parfois, comme dans les accalmies d'une tempête passent tout à coup de grandes rafales de vent qui font craquer les arbres et se perdent à l'horizon, cette pensée lui revenait avec une douleur aiguë: «Je vais me noyer parce que je n'ai point de papa.»

Il faisait très chaud, très bon. Le doux soleil chauffait l'herbe. L'eau brillait comme un miroir. Et Simon avait des minutes de béatitude, de cet alanguissement qui suit les larmes, où il lui venait de grandes envies de s'endormir là, sur l'herbe, dans la chaleur.

3 **le misérable:** Armer, armer Schlucker.
6 **folâtrer:** hin und her flitzen, ausgelassen spielen.
7 **faire un bond:** herausschnellen.
8 **happer:** schnappen.
voltiger: herumfliegen.
9 **le manège:** Treiben, Hin und Her.
10f. **une accalmie:** vorübergehende Windstille, Ruhe.
12 **la rafale:** Windstoß, Bö.
craquer: knarren, knacken.
14 **aigu, uë:** scharf, heftig.
17 **briller:** funkeln, glänzen.
18 **la béatitude:** Glück, Seligkeit.
un alanguissement: Entspannung, Erschlaffung.

Une petite grenouille verte sauta sous ses pieds. Il essaya de la prendre. Elle lui échappa. Il la poursuivit et la manqua trois fois de suite. Enfin il la saisit par l'extrémité de ses pattes de derrière et il se mit à rire en voyant les efforts que faisait la bête pour s'échapper. Elle se ramassait sur ses grandes jambes, puis d'une détente brusque, les allongeait subitement, raides comme deux barres; tandis que, l'œil tout rond avec son cercle d'or, elle battait l'air de ses pattes de devant qui s'agitaient comme des mains. Cela lui rappela un joujou fait avec d'étroites planchettes de bois clouées en zigzag les unes sur les autres, qui, par un mouvement semblable, conduisaient l'exercice de petits soldats piqués dessus. Alors, il pensa à sa maison, puis à sa mère, et, pris d'une grande tristesse, il recommença à pleurer. Des frissons lui passaient dans les membres; il se mit à genoux et récita sa prière comme avant de s'endormir. Mais il ne put l'achever, car des

1 **la grenouille:** Frosch.
4 **une extrémité:** äußerstes Ende.
6 **se ramasser:** sich zusammenkauern.
7 **la détente:** Entspannen, Ausstrecken.
brusque: heftig, abrupt.
subitement: plötzlich.
7 f. **raide:** steif, starr.
8 **la barre:** Stab, Stange.
10 **s'agiter:** sich (heftig) bewegen.
11 **le joujou** (fam.): Spielzeug.
la planchette: Brettchen, Leiste.
12 **cloué, e:** festgenagelt.
13 **un exercice:** Exerzieren.
14 **piqué, e dessus:** darauf festgemacht, befestigt.
16 **le frisson:** Schaudern, Zittern.

sanglots lui revinrent si pressés, si tumultueux, qu'ils l'envahirent tout entier. Il ne pensait plus; il ne voyait plus rien autour de lui et il n'était occupé qu'à pleurer.

Soudain, une lourde main s'appuya sur son épaule et une grosse voix lui demanda: «Qu'est-ce qui te fait donc tant de chagrin, mon bonhomme?»

Simon se retourna. Un grand ouvrier qui avait une barbe et des cheveux noirs tout frisés le regardait d'un air bon. Il répondit avec des larmes plein les yeux et plein la gorge:

«Ils m'ont battu … parce que … je … je … n'ai pas … de papa … pas de papa.

– Comment, dit l'homme en souriant, mais tout le monde en a un.»

L'enfant reprit péniblement au milieu des spasmes de son chagrin: «Moi … moi … je n'en ai pas.»

Alors l'ouvrier devint grave; il avait reconnu le fils de la Blanchotte, et, quoique nouveau dans le pays, il savait vaguement son histoire.

«Allons, dit-il, console-toi, mon garçon, et viens-

1 **pressé, e:** schnell, drängend.
tumultueux, euse: heftig, stürmisch.
2 **envahir:** überwältigen, erfüllen (Gefühl).
tout entier: ganz und gar.
5 **la grosse voix:** laute, kräftige Stimme.
6 **le chagrin:** Kummer.
mon bonhomme (fam.): kleiner Mann.
8 **frisé, e:** gelockt, lockig.
15 **reprendre:** weitersprechen.
le spasme: (Wein-)Krampf.
18 **le pays:** Gegend, Ort.
20 **se consoler:** sich trösten, sich beruhigen.
20f. **s'en venir avec qn:** mit jdm. mitkommen.

t'en avec moi chez ta maman. On t'en donnera … un papa.»

Ils se mirent en route, le grand tenant le petit par la main, et l'homme souriait de nouveau, car il n'était pas fâché de voir cette Blanchotte, qui était, contait-on, une des plus belles filles du pays; et il se disait peut-être, au fond de sa pensée, qu'une jeunesse qui avait failli pouvait bien faillir encore.

Ils arrivèrent devant une petite maison blanche, très propre.

«C'est là», dit l'enfant, et il cria: «Maman!»

Une femme se montra, et l'ouvrier cessa brusquement de sourire, car il comprit tout de suite qu'on ne badinait plus avec cette grande fille pâle qui restait sévère sur sa porte, comme pour défendre à un homme le seuil de cette maison où elle avait été déjà trahie par un autre. Intimidé et sa casquette à la main, il balbutia:

«Tenez, madame, je vous ramène votre petit garçon qui s'était perdu près de la rivière.»

Mais Simon sauta au cou de sa mère et lui dit en se remettant à pleurer:

3 **se mettre en route:** sich auf den Weg machen.
5f. **conter:** erzählen.
7 **la jeunesse:** hier: junges Mädchen, junges Ding.
8 **faillir:** einen Fehltritt begehen.
14 **badiner:** tändeln, spielen.
15f. **défendre le seuil à qn:** jdm. den Eintritt verwehren.
17 **trahir:** verraten.
intimidé, e: eingeschüchtert.
18 **balbutier:** stammeln, stottern.
20 **se perdre:** sich verlaufen, sich verirren.
22 **se remettre à faire qc:** wieder anfangen, etwas zu tun.

«Non, maman, j'ai voulu me noyer, parce que les autres m'ont battu … m'ont battu … parce que je n'ai pas de papa.»

Une rougeur cuisante couvrit les joues de la jeune femme, et, meurtrie jusqu'au fond de sa chair, elle embrassa son enfant avec violence pendant que des larmes rapides lui coulaient sur la figure. L'homme ému restait là, ne sachant comment partir. Mais Simon soudain courut vers lui et lui dit:

«Voulez-vous être mon papa?»

Un grand silence se fit. La Blanchotte, muette et torturée de honte, s'appuyait contre le mur, les deux mains sur son cœur. L'enfant, voyant qu'on ne lui répondait point, reprit:

«Si vous ne voulez pas, je retournerai me noyer.»

L'ouvrier prit la chose en plaisanterie et répondit en riant:

«Mais oui, je veux bien.

– Comment est-ce que tu t'appelles, demanda alors l'enfant, pour que je réponde aux autres quand ils voudront savoir ton nom?

– Philippe,» répondit l'homme.

Simon se tut une seconde pour bien faire entrer ce nom-là dans sa tête, puis il tendit les bras, tout consolé, en disant:

4 **la rougeur:** Röte.
cuisant, e: brennend, flammend.
5 **la chair:** Fleisch und Blut, Körper.
11 **muet, te:** stumm.
12 **torturé, e:** gequält, gemartert.
16 **prendre qc en plaisanterie:** etwas als Scherz auffassen, nicht ernst nehmen.

«Eh bien! Philippe, tu es mon papa.»

L'ouvrier, l'enlevant de terre, l'embrassa brusquement sur les deux joues, puis il s'enfuit très vite à grandes enjambées.

Quand l'enfant entra dans l'école, le lendemain, un rire méchant l'accueillit; et à la sortie, lorsque le gars voulut recommencer, Simon lui jeta ces mots à la tête, comme il aurait fait d'une pierre: «Il s'appelle Philippe, mon papa.»

Des hurlements de joie jaillirent de tous les côtés: «Philippe qui? … Philippe quoi? … Qu'est-ce que c'est que ça, Philippe? … Où l'as-tu pris, ton Philippe?»

Simon ne répondit rien; et, inébranlable dans sa foi, il les défiait de l'œil, prêt à se laisser martyriser plutôt que de fuir devant eux. Le maître d'école le délivra et il retourna chez sa mère.

Pendant trois mois, le grand ouvrier Philippe passa souvent près de la maison de la Blanchotte et, quelquefois, il s'enhardissait à lui parler lorsqu'il la voyait cousant auprès de sa fenêtre. Elle lui répondait poliment, toujours grave, sans rire jamais avec lui, et sans le laisser entrer chez elle. Cependant, un peu

3f. **à grandes enjambées:** mit großen Schritten.
6 **à la sortie:** nach Schulschluss, beim Verlassen der Schule.
10 **un hurlement:** Geschrei, Geheul.
jaillir: sich erheben, plötzlich erschallen.
14 **inébranlable:** unerschütterlich.
15 **défier qn de l'œil:** jdn. trotzig, herausfordernd anschauen.
martyriser: quälen, martern.
20 **s'enhardir:** sich ein Herz fassen.
21 **cousant, e:** nähend, beim Nähen (*coudre:* nähen).

fat, comme tous les hommes, il s'imagina qu'elle était souvent plus rouge que de coutume lorsqu'elle causait avec lui.

Mais une réputation tombée est si pénible à refaire et demeure toujours si fragile, que, malgré la réserve ombrageuse de la Blanchotte, on jasait déjà dans le pays.

Quant à Simon, il aimait beaucoup son nouveau papa et se promenait avec lui presque tous les soirs, la journée finie. Il allait assidûment à l'école et passait au milieu de ses camarades fort digne, sans leur répondre jamais.

Un jour, pourtant, le gars qui l'avait attaqué le premier lui dit:

«Tu as menti, tu n'as pas un papa qui s'appelle Philippe.

– Pourquoi ça?» demanda Simon très ému.

Le gars se frottait les mains. Il reprit:

«Parce que si tu en avais un, il serait le mari de ta maman.»

1 **fat, e** (litt.): eingebildet, selbstgefällig.
2 **de coutume:** üblich, gewöhnlich.
2f. **causer:** plaudern.
4 **une réputation tombée:** zerstörter guter Ruf, geschädigtes Ansehen.
refaire: wiederherstellen.
5 **demeurer:** bleiben.
le réserve: Zurückhaltung.
6 **ombrageux, euse:** misstrauisch, argwöhnisch.
jaser: klatschen, tratschen.
10 **assidûment:** fleißig, pünktlich, gewissenhaft.
11 **fort digne:** sehr würdevoll.

Simon se troubla devant la justesse de ce raisonnement, néanmoins il répondit: «C'est mon papa tout de même.»

– Ça se peut bien, dit le gars en ricanant, mais ce n'est pas ton papa tout à fait.

Le petit à la Blanchotte courba la tête et s'en alla rêver du côté de la forge au père Loizon, où travaillait Philippe.

Cette forge était comme ensevelie sous des arbres. Il y faisait très sombre; seule, la lueur rouge d'un foyer formidable éclairait par grands reflets cinq forgerons aux bras nus qui frappaient sur leurs enclumes avec un terrible fracas. Ils se tenaient debout, enflammés comme des démons, les yeux fixés sur le fer

1 **se troubler:** verlegen werden, in Verwirrung geraten.
1f. **la justesse de ce raisonnement:** die Richtigkeit, Logik dieser Argumentation.
2 **néanmoins:** nichtsdestoweniger.
4 **ça se peut bien:** das ist gut möglich.
ricaner: höhnisch grinsen, hämisch lachen.
6 **le petit à la Blanchotte:** der Kleine, das Kind der Blanchotte.
courber la tête: den Kopf senken, hängen lassen.
7 **rêver:** hier: nachdenken.
du côté de: in die Richtung von, zu … hin.
la forge: Schmiede.
9 **enseveli, e:** begraben, verborgen.
10 **la lueur:** Lichtschein.
11 **le foyer:** Feuerstelle, Esse.
le reflet: Widerschein.
11f. **le forgeron:** Schmied.
12 **une enclume:** Amboss.
13 **le fracas:** Krachen, Getöse.
13f. **enflammé, e:** von Flammen umgeben, vom Feuer angestrahlt.
14 **le démon:** Dämon, Teufel.

ardent qu'ils torturaient; et leur lourde pensée montait et retombait avec leurs marteaux.

Simon entra sans être vu et alla tout doucement tirer son ami par la manche. Celui-ci se retourna. Soudain le travail s'interrompit, et tous les hommes regardèrent, très attentifs. Alors, au milieu de ce silence inaccoutumé, monta la petite voix frêle de Simon.

«Dis donc, Philippe, le gars à la Michaude qui m'a conté tout à l'heure que tu n'étais pas mon papa tout à fait.

– Pourquoi ça?» demanda l'ouvrier.

L'enfant répondit avec toute sa naïveté:

«Parce que tu n'es pas le mari de maman.»

Personne ne rit. Philippe resta debout, appuyant son front sur le dos de ses grosses mains que supportait le manche de son marteau dressé sur l'enclume. Il rêvait. Ses quatre compagnons le regardaient et, tout petit entre ces géants, Simon, anxieux, attendait. Tout à coup, un des forgerons, répondant à la pensée de tous, dit à Philippe:

«C'est tout de même une bonne et brave fille que la Blanchotte, et vaillante et rangée malgré son mal-

1 **ardent, e:** glühend.
torturer: hier: mit Gewalt in eine bestimmte Form zwingen.
7 **inaccoutumé, e:** ungewohnt.
frêle: zart, leise.
16 **le manche:** Stiel, Griff.
dressé, e: aufgerichtet, aufgestellt.
18 **le géant:** Riese.
anxieux, euse: angstvoll, ängstlich.
22 **vaillant, e:** tapfer, mutig.
rangé, e: ordentlich, solide.

heur, et qui serait une digne femme pour un honnête homme.

– Ça, c'est vrai,» dirent les trois autres.

L'ouvrier continua:

«Est-ce sa faute, à cette fille, si elle a failli? On lui avait promis mariage, et j'en connais plus d'une qu'on respecte bien aujourd'hui et qui en a fait tout autant.

– Ça, c'est vrai,» répondirent en chœur les trois hommes.

Il reprit: «Ce qu'elle a peiné la pauvre, pour élever son gars toute seule, et ce qu'elle a pleuré depuis qu'elle ne sort plus que pour aller à l'église, il n'y a que le bon Dieu qui le sait.

– C'est encore vrai,» dirent les autres.

Alors on n'entendit plus que le soufflet qui activait le feu du foyer. Philippe, brusquement, se pencha vers Simon:

«Va dire à ta maman que j'irai lui parler ce soir.»

Puis il poussa l'enfant dehors par les épaules.

Il revint à son travail et, d'un seul coup, les cinq marteaux retombèrent ensemble sur les enclumes. Ils battirent ainsi le fer jusqu'à la nuit, forts, puissants, joyeux comme des marteaux satisfaits. Mais, de même

1 **digne:** würdig, ehrenwert.
7f. **en faire tout autant:** genau das Gleiche tun.
11 **peiner:** sich abmühen, sich plagen.
16 **le soufflet:** Blasebalg.
activer: anfachen, schüren.
17 **se pencher:** sich herunterbeugen.
24 **satisfait, e:** zufrieden.
24f. **de même que:** ebenso wie.

que le bourdon d'une cathédrale résonne dans les jours de fête au-dessus du tintement des autres cloches, ainsi le marteau de Philippe, dominant le fracas des autres, s'abattait de seconde en seconde avec un vacarme assourdissant. Et lui, l'œil allumé, forgeait passionnément, debout dans les étincelles.

Le ciel était plein d'étoiles quand il vint frapper à la porte de la Blanchotte. Il avait sa blouse des dimanches, une chemise fraîche et la barbe faite. La jeune femme se montra sur le seuil et lui dit d'un air peiné: «C'est mal de venir ainsi la nuit tombée, monsieur Philippe.»

Il voulut répondre, balbutia et resta confus devant elle.

Elle reprit: «Vous comprenez bien pourtant qu'il ne faut plus que l'on parle de moi.»

Alors, lui, tout à coup:

«Qu'est-ce que ça fait, dit-il, si vous voulez être ma femme!»

Aucune voix ne lui répondit, mais il crut entendre

1 **le bourdon:** große Glocke.
résonner: widerhallen, laut erklingen.
2 **le tintement:** Läuten, Bimmeln.
2f. **la cloche:** Glocke.
4 **s'abattre:** niedersausen, niederfallen.
5 **le vacarme:** Lärm, Getöse.
assourdissant, e: ohrenbetäubend.
l'œil allumé: mit leuchtenden Augen, mit strahlendem Blick.
forger: schmieden.
6 **passionnément:** leidenschaftlich, inbrünstig.
une étincelle: Funke.
11 **peiné, e:** bekümmert, traurig.
la nuit tombée: nach Einbruch der Dunkelheit.

dans l'ombre de la chambre le bruit d'un corps qui s'affaissait. Il entra bien vite; et Simon, qui était couché dans son lit, distingua le son d'un baiser et quelques mots que sa mère murmurait bien bas. Puis, tout à coup, il se sentit enlevé dans les mains de son ami, et celui-ci, le tenant au bout de ses bras d'hercule, lui cria:

«Tu leur diras, à tes camarades, que ton papa, c'est Philippe Remy, le forgeron, et qu'il ira tirer les oreilles à tous ceux qui te feront du mal.»

Le lendemain, comme l'école était pleine et que la classe allait commencer, le petit Simon se leva, tout pâle et les lèvres tremblantes: «Mon papa, dit-il, d'une voix claire, c'est Philippe Remy, le forgeron, et il a promis qu'il tirerait les oreilles à tous ceux qui me feraient du mal.»

Cette fois, personne ne rit plus, car on le connaissait bien ce Philippe Remy, le forgeron, et c'était un papa, celui-là, dont tout le monde eût été fier.

1 **un ombre:** Schatten, Dunkelheit.
2 **s'affaisser:** zu Boden sinken.
4 **murmurer:** murmeln, flüstern.
bien bas: ganz leise.
6 **le tenant au bout de ses bras d'hercule:** indem er ihn mit seinen ausgestreckten kräftigen Armen hochhielt (*les bras d'hercule:* Arme, wie Herkules sie hatte, Riesenarme).

Editorische Notiz

Der französische Text folgt der Ausgabe: Guy de Maupassant, *Contes et nouvelles*, préface d'Armand Lanoux, introduction de Louis Forestier, texte établi et annoté par Louis Forestier, Bd. 1, Paris: Éditions Gallimard, 1974 (Bibliothèque de la Pléiade). Das Glossar enthält in der Regel alle Wörter, die in der Wortschatzsammlung *Thematischer Grund- und Aufbauwortschatz Französisch* von Wolfgang Fischer und Anne-Marie Le Plouhinec (Stuttgart: Klett, 2004) nicht zum Grundwortschatz zählen. Die Erzählungen wurden unabhängig voneinander glossiert, so dass jede für sich gelesen werden kann.

Im Glossar verwendete französische Abkürzungen

dial.	dialectal
f.	féminin
fam.	familier (umgangssprachlich)
fig.	figuré (übertragen)
inf.	Infinitif
iron.	ironique
m.	masculin
litt.	littéraire
péj.	péjoratif (verächtlich)
pl.	pluriel
qc	quelque chose
qn	quelqu'un
rég.	régional (landschaftlich)

Suggestions de travail

Mon oncle Jules

1. Le début du texte

(a) Quelle est la fonction des premières lignes du texte (p. 3, l. 3–8)?

(b) Le narrateur emploie souvent le pronom indéfini *on* dans le passage p. 3, l. 9 – p. 5, l. 15. Est-ce que ce pronom remplace toujours le pronom défini *nous*?

(c) Le narrateur s'identifie-t-il avec sa famille?

2. Jules

(a) Qui est Jules? Qu'apprenons-nous de sa jeunesse, de sa carrière en Amérique, des espérances qu'il fait naître dans la famille du narrateur? (p. 6, l. 6 – p. 9, l. 15)

(b) Comment le jugement porté sur le caractère de Jules a-t-il changé après son départ?

(c) Partagez-vous l'espoir que les parents du narrateur fondent sur Jules? Justifiez votre réponse en vous référant au texte.

(d) Qui est-ce qui parle dans le passage à la page 6, l. 18 – p. 7, l. 6, le narrateur du texte ou l'auteur Maupassant?

(e) Quel rôle la deuxième lettre de Jules joue-t-elle dans la famille? (p. 8, l. 17–19; p. 9, l. 19 – p. 10, l. 4)

(f) Relevez et analysez l'emploi des temps dans le passage p. 7, l. 7 – p. 8, l. 19.

3. Le voyage à Jersey

(a) En quoi le départ pour Jersey ressemble-t-il aux promenades du dimanche?

(b) Pourquoi le père décide-t-il d'offrir des huîtres aux trois femmes? Comment la mère réagit-elle à cette proposition et à la maladresse se son mari?

4. Le vieux matelot

(a) Résumez les étapes de la prise de conscience des parents quant à l'identité du vieux matelot.

(b) Analysez la manière de parler du père dans le dialogue avec le capitaine. Tenez compte des lignes 11/12 à la page 15. Qui est-ce qui parle?

(c) Comment le vieux matelot est-il présenté? Quel est le jugement porté sur lui finalement? Par qui ce jugement est-il prononcé?

(d) Décrivez le rôle et les réactions du narrateur pendant cet épisode. Pourquoi lui seul est-il capable d'un geste et de sentiments humains?

6. Après la lecture du texte entier

(a) Analysez la structure du texte et résumez-en le contenu.

(b) Caractérisez le mode de vie et les attitudes de la petite bourgeoisie.

(c) Faites le portrait du père, de la mère, du couple, des filles.

(d) Comment l'auteur du texte procède-t-il pour évoquer chez le lecteur une image des personnes et une idée de leur caractère? Quels sont les détails qu'il omet?

(e) Est-ce que vous avez, en fin de compte, une impression visuelle des personnes? Comment les imaginez-vous? Décrivez-les.

Garçon, un bock! ...

(a) Faites le portrait – physique et moral – de Jean vu par le narrateur.

(b) Quels sont les sentiments qui s'emparent successivement du narrateur quand Jean lui raconte sa vie?

(c) En quoi consiste le «coup» qui cause le malheur de Jean? Comment le garçon y réagit-il?

(d) Quelle est la réaction des parents vis-à-vis de leur fils? Jugez cette réaction. Vous paraît-elle explicable, compréhensible?

Un parricide

(a) Comment l'avocat explique-t-il les mobiles du meurtrier? Quel est l'effet de sa plaidoirie sur le juge et le public?

(b) Résumez le raisonnement de l'accusé. À quelles valeurs se réfère-t-il pour se disculper?

(c) L'accusé se sert de la langue soutenue. Quel en est l'effet recherché par l'accusé?

(d) Résumez les étapes de l'approche du fils et des parents. Comment les parents auraient-ils pu éviter la catastrophe? Pourquoi sont-ils incapables d'y arriver?

(e) Quelle est la fonction de la question posée à la fin du texte? Comment y répondriez-vous?

Aux champs

(a) Décrivez la situation et l'atmosphère avant et après l'événement qui détruit l'amitié des deux familles.

(b) Comment la décision quant à l'enfant est-elle prise par les Tuvache d'une part et par les Vallin d'autre part? Décrivez les deux processus et commentez-les en tenant compte du rôle des mères et des pères.

(c) Le développement du caractère de Charlot est influencé par la décision de ses parents et les effets qui en résultent. Décrivez ce développement et expliquez le comportement du jeune homme envers ses parents à la fin du récit.

(d) Faut-il avoir pitié des parents? Justifiez votre réponse.

Le Papa de Simon

(a) Simon est un marginal. Expliquez pourquoi.

(b) Notez les différents essais de Simon de se défendre contre les attaques de ses camarades.

(c) Simon a des émotions variées. En suivant l'ordre du texte essayez de les définir. (p. 63, l. 13 – p. 73, l. 3)

(d) La rencontre de Simon et du forgeron change la vie de l'enfant, de sa mère et de l'ouvrier. Décrivez – pour chacune des personnes – les étapes de leur chemin vers la bonne fin. Tenez compte des sentiments qui se manifestent au fur et à mesure.

(e) Le texte contient quelques commentaires de la part de l'auteur. Relevez-les et expliquez-en la fonction. (p. ex. p. 65, l. 8–11; p. 66, l. 4–9 et p. 67, l. 13/14; p. 68, l. 3–5)

(f) Quels sont les facteurs qui contribuent au dénouement heureux de cette histoire?

Sujets supplémentaires

(a) Renseignez-vous sur la situation politique, économique et sociale à l'époque de Maupassant et comparez vos découvertes avec les résultats de l'analyse du texte.

(b) Comment Maupassant décrit-il, comment juge-t-il les classes sociales de son temps: les nobles, les bourgeois – grands et petits –, les ouvriers et les paysans?

(c) Par quels moyens Maupassant arrive-t-il à évoquer une atmosphère authentique et à mettre en relief les caractères des personnages dans ses contes?

Literaturhinweise

Bancquart, Marie-Claire: Maupassant conteur fantastique. Paris 1976.

Besnard-Coursodon, Micheline: Étude thématique et structurale de l'œuvre de Maupassant. Paris 1976.

Bury, Mariane: La poétique de Maupassant. Paris 1994.

Delaisement, Gérard: La modernité de Maupassant. Paris 1995.

Godenne, René: La nouvelle française. Paris 1974.

Haezewindt, Bernard P. R.: Guy de Maupassant: de l'anecdote au conte littéraire. Amsterdam 1993.

Kessler, Helmut: Maupassants Novellen. Typen und Themen. Braunschweig 1966.

Krömer, Wolfram (Hrsg.): Die französische Novelle. Düsseldorf 1976.

Lecarme, Jacques / Baroche, Christiane (Hrsg.): Maupassant, miroir de la nouvelle. Saint Denis 1988.

Mayer, Ulrike: Der Aspekt des Fantastischen in Maupassants *Contes et nouvelles*. Die Faszination der Grausamkeit. Frankfurt a. M. 1990.

Schüler, Gerda: Guy de Maupassant. In: Wolf-Dieter Lange (Hrsg.): Französische Literatur des 19. Jahrhunderts. Bd. 3: Naturalismus und Symbolismus. Heidelberg 1980. S. 236–253.

Wehr, Christian: Imaginierte Wirklichkeiten. Untersuchungen zum »récit fantastique« von Nodier bis Maupassant. Tübingen 1997.

Wolfzettel, Friedrich (Hrsg.): 19. Jahrhundert: Drama und Novelle. Tübingen 2001. (Stauffenburg Interpretation Französische Literatur.)

Internetseiten

Jana Truhlárová, »La structure de la nouvelle chez Maupassant«
http://www.ac-nancy-metz.fr/enseign/lettres/transver/nouvelle/Nouvfan/strunouv.htm
http://www.chez.com/bacfrancais/papa.html
Interpretation von *Le Papa de Simon*

Nachwort

Guy de Maupassant erblickte 1850 im Schloss von Miromesnil bei Dieppe das Licht der Welt. Nach der Trennung der Eltern zieht er mit seiner Mutter nach Étretat, wo er seine Kindheit verlebt. Man lässt ihm viel Bewegungsfreiheit, und so lernt er seine Umgebung, die Normandie, und ihre bäuerliche Bevölkerung schon sehr früh kennen. In der kirchlichen Schule von Yvetot und im Collège von Rouen erhält er eine solide Schulbildung. Der Dichter Louis Bouilhet, sein Tutor im Internat, ermutigt ihn zu ersten Schreibversuchen. Bouilhet vermittelt ihm auch den Kontakt zu Gustave Flaubert. 1870 nimmt Maupassant als Freiwilliger am Krieg teil, eine Erfahrung, die sich später in seinem Werk niederschlagen wird. Um seinen Lebensunterhalt zu verdienen, wird er ein Jahr später Angestellter im Marineministerium, wechselt aber 1878 ins Unterrichtsministerium über. Während dieser Periode beobachtet er die Verhaltensweisen der Bürokraten, der kleinen Angestellten, der kleinbürgerlichen Gesellschaft und der jugendlichen Snobs, mit denen er in seiner Freizeit in Berührung kommt.

Unter dem Einfluss Flauberts schärft sich sein Blick für die ihn umgebende Wirklichkeit und entwickelt sich sein Stil, mit dem er sie meisterhaft beschreibt. In einer späteren Äußerung hat Maupassant genauer dargelegt, worin die Flaubert'sche Lehre bestand: »Er [Flaubert] ging von der festen Überzeugung aus, dass es auf der ganzen Welt keine zwei Sandkörner, keine zwei Fliegen, keine zwei Hände oder Nasen gebe, die vollkommen gleich seien, und er zwang mich daher, in einigen Sätzen einen Gegenstand oder ein Lebewesen so zu beschreiben, dass seine Individualität offenbar wurde und es sich von allen Gegenständen derselben Art oder Lebewesen derselben Rasse deutlich unterschied« (in: Vorwort zu *Pierre et Jean*, 1888). So entstehen zwischen 1871 und 1880 erste Gedichte, kleine Theaterstücke und Erzählungen. Schließlich wird Émile Zola auf Maupassant aufmerksam und lädt ihn ein, sich dem literarischen Zirkel anzuschließen, der sich um ihn, das Haupt der naturalistischen Schule, gebildet hat. Maupassants erster großer Erfolg, die Novelle *Boule de suif*, wurde 1880 vor der Veröffentlichung in den *Soirées de Médan*, einer programmatischen Novellensammlung unter der Federführung Zolas, in diesem Kreis vorgetragen.

Der Beginn der schriftstellerischen Karriere Maupassants steht somit ganz im Zeichen der naturalistischen Doktrin, die auch in der Literatur die Methoden der experimentellen Naturwissenschaften angewendet wissen will. Der Mensch wird als ein weitgehend von seinen biologischen Voraussetzungen, von seiner Physis und seinem Milieu bestimmtes Lebewesen beschrieben und interpretiert. Der Schriftsteller nimmt die Rolle des experimentierenden Beobachters ein, der seine Geschöpfe den unterschiedlichsten Lebensbedingungen aussetzt und daraus die Gesetze des individuellen und sozialen Verhaltens ableitet. Doch Zolas dichterische Fantasie sprengt bereits die von ihm selbst formulierte Theorie, und die besten seiner Schüler überwinden rasch die enge, pseudowissenschaftliche Doktrin. Zu ihnen gehört auch Maupassant. Was aber bleibt und alle gleichermaßen auszeichnet, ist die harte Kritik an der sich entwickelnden bürgerlichen Industriegesellschaft, am Triumph des organisierten Kapitalismus, an der Vormacht der Geschäfts- und Bankenwelt, zu der auch die neu entstehende Gewerkschaftsbewegung kein Gegengewicht bilden kann. Die Schriftsteller und Künstler setzen sich zunehmend mit dem rücksichtslosen Egoismus und der Maßlosigkeit des Kapitalismus auseinander; sie wenden sich gegen übertriebene Fortschritts- und Wissenschaftsgläubigkeit und kritisieren die negativen Auswirkungen der Industrialisierung und die Deformation der menschlichen Seele durch Habgier und Neid.

In kritisch distanzierter Verbundenheit mit den Realisten und Naturalisten (Maupassant hat zwischen beiden Begriffen nicht unterschieden) entstand zwischen 1880 und 1890 das Hauptwerk. Der erste literarische Erfolg hatte Maupassant ermutigt, die monotone Büroarbeit eines kleinen Ministerialbeamten aufzugeben und als freier Schriftsteller zu leben, und so schuf er in rastloser Eile rund dreihundert Erzählungen und Novellen sowie sechs Romane: *Une Vie* (1883), *Bel-Ami* (1885), *Mont-Oriol* (1887), *Pierre et Jean* (1888), *Fort comme la Mort* (1889) und *Notre Cœur* (1890). Seine literarischen Erfolge eröffnen ihm den Zugang zur vornehmen Gesellschaft, die er in seinen letzten Romanen beschreibt. Maupassant wird wohlhabend. Auf seiner Jacht »Le Bel Ami« macht er Kreuzfahrten im Mittelmeer. Seine Reiseeindrücke finden ihren Niederschlag in *Au Soleil* (1884), *Sur l'Eau* (1888) und *La Vie Errante* (1890).

Während dieser Jahre verschlechtert sich sein Gesundheitszustand ständig. Schon als junger Mann hatte Maupassant an schweren Neuralgien gelitten. Später kommen als Folgen geistiger und körperlicher Anstrengung sowie Drogenkonsums Sehstörungen und Kreislaufschwächen hinzu. Halluzinationen verstärken seine Angstzustände. Zunächst gelingt es ihm noch, diese leidvollen Erfahrungen zu bewältigen, indem er sie literarisch formt, doch seine Angstzustände steigern sich schließlich im Jahre 1891 zum Verfolgungswahn. Nach einem Selbstmordversuch wird er in eine Heilanstalt gebracht, wo er 1893 stirbt.

Maupassant selbst hat seine Romane stets höher eingeschätzt als seine Kurzgeschichten und Novellen. Ein wenig verächtlich bezeichnet er sie als *historiettes*, »Geschichtchen«. Aber gerade sie haben ihn über seinen Tod hinaus berühmt gemacht und ihm einen vorzüglichen Platz unter den französischen Autoren des 19. Jahrhunderts gesichert.

Aus der Fülle von über dreihundert einige wenige Erzählungen auszuwählen, ist nicht einfach. Die vorliegende Textauswahl ist von einem Aspekt bestimmt, die in vergleichsweise wenigen Erzählungen eine Rolle spielt: von der Auswirkung des Geschehens und der sozialen und ökonomischen

Bedingungen auf Kinder. Ihre Perspektive und Reaktionen auf die geschilderten Ereignisse und deren Folgen für ihre Zukunft rücken in den Mittelpunkt. Dass Prägungen durch traumatische Erlebnisse in der Kindheit das individuelle Leben bestimmen können und damit auch Auswirkungen auf die Gesellschaft haben, ist uns heute dank der Erkenntnisse aus der Psychologie geläufig. Maupassants Gespür für die Verletzlichkeit der kindlichen und jugendlichen Psyche wird den Leser überraschen und beeindrucken.

Die Erzählung *Mon oncle Jules* wird – wie oft bei Maupassant – von einem Rahmen umschlossen: Zwei Männer werden von einem Bettler um ein Almosen angegangen; der eine – in Ich-Form eingeführt – wundert sich über die Großzügigkeit des anderen, der nun seinerseits ein Erlebnis aus seiner Kindheit erzählt, das die Erklärung für sein Verhalten liefert.

Zunächst schildert er die Lebensumstände seiner Familie: Der Vater, ein kleiner Büroangestellter, die Mutter, die beiden älteren Schwestern leben in beengten Verhältnissen. Einerseits bringt die Tätigkeit des Vaters wenig ein, andererseits ist infolge des Leichtsinns seines Bruders Jules das elterliche Erbe viel geringer ausgefallen als erwartet. Jules wurde von seiner Familie nach Amerika abgeschoben. Der geschädigte Bruder und seine Familie erwarten vom »reichen Onkel aus Amerika« eine entscheidende Verbesserung ihrer Lebensumstände, nachdem dieser von wirtschaftlichem Erfolg berichtet und Entschädigung versprochen hat. Die bedrückende Situation, verstärkt durch ständige Sticheleien der Frau, die ihren Mann für die Entbehrungen der Familie verantwortlich macht, wird nur gelegentlich erhellt durch die Aussicht auf die Rückkehr des Bruders. Als durch ein zufälliges Zusammentreffen offenbar wird, dass man diese Hoffnungen für immer begraben muss, weil der Auswanderer als Bettler zurückgekommen ist, ziehen sich die Erwachsenen entsetzt zurück, um nicht auch noch für den Gescheiterten aufkommen zu müssen. Das Kind, der Neffe, wird vorgeschickt, um eine Dienstleistung des Onkels zu bezahlen, da man jedes Risiko, von dem unliebsamen Verwandten erkannt zu werden, vermeiden will. Der Junge weiß, dass der heruntergekommene alte Mann, dem er gegenübertritt, sein Onkel ist. Mitleidig überlässt er ihm ein recht ansehnliches Trinkgeld zur Überraschung seiner Schwestern und zum Ärger seiner Mutter. Die Erinnerung an dieses Kindheitserlebnis beeinflusst das Verhalten des Erwachsenen.

Auch bei *Garçon, un bock! …* handelt es sich um eine Rahmenerzählung. Der Erzähler betritt an einem kalten, regnerischen Tag ein Lokal und nimmt Platz neben einem Mann, den er mit einem kurzen Blick als verschlampten Gewohnheitstrinker erkennt. Als dieser ihn unvermittelt anspricht, muss der Erzähler verblüfft feststellen, dass er sich einem ehemaligen Schulfreund gegenübersieht, der ihm zu verstehen gibt, dass er schon seit zehn Jahren seine Zeit Bier trinkend in diesem Lokal totschlägt. Der Erzähler besteht auf einer Erklärung, nachdem sein Tischnachbar angedeutet hat, dass sein verkommener Zustand auf ein Erlebnis in seiner Jugend zurückzuführen ist.

Als Dreizehnjähriger wird er eines Abends im Park des Schlosses seiner adligen Eltern Zeuge einer Auseinandersetzung zwischen Vater und Mutter, in deren Verlauf der Mann die Frau brutal verprügelt. Für den Jungen, der diese Szene ohne Wissen seiner Eltern beobachtet hat, bricht eine Welt zusammen; er schreit, wird entdeckt, rennt davon, versteckt sich im dunklen Park. Erst am Morgen wird er vom Parkwächter gefunden und ins Haus gebracht. Dort empfangen ihn die Eltern mit unbewegter Miene; der Vater bleibt stumm, die Mutter macht ihm Vorwürfe, dass sie seinetwegen nicht habe schlafen können.

Das traumatische Erlebnis der Gewalt des Vaters gegen die Mutter und das Unvermögen der in Konventionen befangenen Erwachsenen, sich dem Kind gegenüber einfühlsam zu verhalten, machen das Urvertrauen in tragfähige menschliche Beziehungen und den Glauben an ein sinnvolles Leben schlagartig zunichte. Der um seine Lebensfreude Betrogene ertränkt sein Elend im Bier.

Der Kern der Erzählung *Un parricide*, das Plädoyer des Angeklagten in eigener Sache, wird eingerahmt von der Erwähnung eines zunächst ungeklärten Mordes an einem adligen Ehepaar und der sich anschließenden Gerichtsverhandlung, nachdem sich kurz vor der Einstellung der polizeilichen Nachforschungen ein junger Mann der Justiz gestellt und sich ohne Angabe eines Motivs schuldig bekannt hat.

Der Täter wird vorgestellt als uneheliches Kind, das bei einer Amme platziert und schließlich im Stich gelassen worden ist. Der Heranwachsende erweist sich als intelligent und unterscheidet sich von seinem dörflichen Umfeld durch seine Interessen, sein besonderes Geschick im Schreinerhandwerk, sein politisches Engagement bei der Linken und sein Redetalent bei Versammlungen.

In der Gerichtsverhandlung plädiert sein Anwalt auf Unzurechnungsfähigkeit. Da aber der Angeklagte die Guillotine einer lebenslänglichen Unterbringung in einer Irrenanstalt vorzieht, entschließt er sich zu einer umfassenden Aussage.

Die Amme, bei der er als Neugeborener untergebracht worden war, hat ihn großgezogen, obwohl nach einiger Zeit die Unterhaltszahlungen ausblieben. Bemerkungen seiner Kameraden und seine in der Dorfschule auffallenden Begabungen lassen ihn ahnen, dass er sich durch seine Herkunft von seiner Umgebung unterscheidet und dass ihn seine Eltern verstoßen haben. Was sie ihm angetan haben, gibt ihm – so argumentiert er – das Recht zur Rache, die in vornehmen Kreisen schon für weit geringere Vergehen als legitim angesehen wird.

Der Angeklagte schildert, wie es zum Kontakt mit seinem Vater kam, der zunächst unerkannt bleibt, wie dann auch die

Mutter erscheint und durch auffälliges Verhalten die Nachforschungen des Verstoßenen provoziert. Beim letzten abendlichen Zusammentreffen in der Werkstatt des Angeklagten sagt er ihnen auf den Kopf zu, dass sie seine Eltern sind. Er will nur ein Eingeständnis, verspricht ansonsten Diskretion. Doch die so in die Enge Getriebenen leugnen und verlassen überstürzt das Haus. Er geht ihnen nach und in der Dunkelheit der Nacht entnimmt er der erregten Diskussion des Paares, dass es sich tatsächlich um seine Eltern handelt, dass aber der Vater aus gesellschaftlichen Gründen eine Anerkennung des Sohnes strikt ablehnt. Ein letztes Mal versucht der junge Mann, die Eltern umzustimmen. Als der Vater daraufhin handgreiflich wird und einen Revolver zieht, verliert der Sohn die Selbstkontrolle und tötet die Eltern.

Die Verhandlung wird vertagt. Die Erzählung endet mit einer Frage an den Leser, die den Autor mit einschließt.

Die Erzählung *Aux champs* beginnt mit der Schilderung der Lebensumstände von Kleinbauern. Zwei Familien mit jeweils vier Kindern leben in ärmlichen Verhältnissen, aber in nachbarlicher Verbundenheit in einem Dorf in der Nähe eines Kurortes. Die Eltern arbeiten hart für ihren Lebensunterhalt. Eines Tages erscheint ein vornehmes Ehepaar, die junge Frau bewundert die spielenden Kinder und nimmt Kontakt auf zu dem Jüngsten der einen Familie. Die Szene wiederholt sich, die Fremden lernen die Eltern kennen. Schließlich machen sie das Angebot, das Kind zu adoptieren und die Eltern mit einer monatlichen Rente auszustatten. Die Mutter des Kindes lehnt empört ab: Sie will ihr Kind nicht »verkaufen«, der Vater stimmt ihr schweigend zu.

Die Abgewiesenen versuchen ihr Glück im Nachbarhaus. Das Angebot der monatlichen Zahlung lässt diese Eltern einwilligen. Damit ist der freundschaftliche Kontakt zwischen den Bauersleuten beendet. Die Mutter, die ihr Kind behalten hat, beschimpft die Nachbarin, lobt sich lauthals selbst und lässt sich von den Leuten loben. Schließlich ist auch das »nicht verkaufte« Kind überzeugt, etwas Besseres zu sein als seine Kameraden. Dass die Nachbarn dank der monatlichen Zahlung ein leichteres Leben haben, macht die anderen wütend.

Nach zwanzig Jahren erscheint der Nachbarssohn als feiner junger Herr zusammen mit seiner Adoptivmutter bei seinen alten Eltern, die ihn stolz bei den Honoratioren des Dorfes präsentieren. Der bei seinen Eltern Verbliebene fühlt sich angesichts des gesellschaftlichen Status seines früheren Spielkameraden um seine Lebenschancen betrogen. Die Eltern reagieren verstört auf seine rüden Vorwürfe. Mit einem beleidigenden Ausruf verlässt er das Elternhaus für immer. Für die Eltern, denen die Stütze im Alter verloren geht, bricht die Welt zusammen.

Die Geschichte mit dem Titel *Le Papa de Simon* schildert den Kampf eines kleinen, unehelich geborenen Jungen um eine intakte Familie. Das Kind erlebt sich als Außenseiter, es wird konfrontiert mit anderen Kindern, die es scheel ansehen und verspotten, da sie infiziert sind von den Vorurteilen der Erwachsenen, welche die Mutter wegen ihres Fehltritts verurteilen und aus ihrer Mitte ausschließen. Die Tapferkeit und Rechtschaffenheit der jungen Frau haben den kleinen Sohn bislang noch vor der Resignation bewahren können, und so kämpft er mit der ganzen Kraft seines Herzens, seines Verstandes und, wenn es sein muss, seiner Fäuste gegen den Makel, »keinen Vater zu haben«. Mit der Beharrlichkeit des Kindes, das um jeden Preis seinen Herzenswunsch erfüllt sehen will, gewinnt er für sich und seine Mutter das Herz eines Mannes, der den Wert der beiden Menschen erkennt, die Lücke auszufüllen bereit ist und damit auch sein Glück findet.

Maupassants Sicht der Welt ist pessimistisch. Die Gesellschaft ist intolerant und erbarmungslos. Der Einzelne bleibt isoliert. Solidarität, Freundschaft, Liebe erweisen sich in der Regel als

Illusion. Die einen schließen ihre Augen vor der Not der anderen, die ihrerseits verkommen und zugrunde gehen.

Diese negative Einschätzung trifft alle Stände:

- die Adligen, die – in ihren Konventionen und in ihrem Standesdünkel befangen – unfähig sind, ihr Kind nach der Entgleisung des Vaters wenigstens zu beruhigen und zu trösten (vgl. *Garçon, un bock!* ...), die sich aus Angst vor dem Verlust ihres gesellschaftlichen Ansehens nicht dazu durchringen können, ihr uneheliches Kind anzuerkennen, obwohl der Sohn diese menschliche Geste dringend benötigt hätte, um das Trauma seiner Kindheit und Jugend zu bewältigen (vgl. *Un parricide*);
- die feinen Leute, die sich mit Hilfe ihres Geldes den Kinderwunsch erfüllen, wobei sich der Mann zum Erfüllungsgehilfen seiner verwöhnten, auf die Durchsetzung ihrer Wünsche fixierten Frau machen lässt und das Kind wie eine Nipp-Figur angesehen wird, die man kauft und mitnimmt, weil sie einem gefällt (»comme un bibelot désiré d'un magasin«, in: *Aux champs*);
- die Kleinbürger, die unzufrieden sind mit ihren eingeschränkten finanziellen Möglichkeiten, die auf Verbesserung ihrer Lebensverhältnisse hoffen durch Hilfe von außen und dann ihr Herz verhärten und ihre Augen verschließen vor der Not des Verwandten, als sie sich um ihre Hoffnung betrogen sehen (vgl. *Mon oncle Jules*);
- die Kleinbauern, die der Versuchung des Geldes widerstehen, dann aber in Überheblichkeit verfallen ob ihrer moralischen Überlegenheit und doch nicht frei sind von Neid und Ärger über die anderen, die sich das finanzielle Angebot nicht haben entgehen lassen. Am Zusammenprall zweier durch Standesunterschiede und unterschiedliche ökonomische Verhältnisse geprägter Milieus, an den dadurch geweckten Begehrlichkeiten bei den Ärmeren und sozial niedriger Stehenden zerbrechen menschliche Beziehungen zwischen Nachbarn, zwischen Eltern und Kindern (vgl. *Aux champs*).

Allein ein Kind, das sich eine gewisse Distanz zu den in seinem familiären Umfeld herrschenden negativen Verhaltensweisen und gesellschaftlichen Spielregeln bewahrt hat, ist auch noch als Erwachsener wenigstens zu Mitleid und einer helfenden Geste fähig (vgl. *Mon oncle Jules*). Nur einem Kind, das noch nicht durch den Kontakt mit der Umwelt angekränkelt ist und dem die Konfrontation mit Standesdünkel und Sozialneid erspart geblieben ist, gelingt es, eine Wende zum Guten zu erzwingen für sich und seine Familie (vgl. *Le Papa de Simon*). Doch die geglückte Bewältigung eines menschlichen und sozialen Problems bleibt die Ausnahme.

»J'écris parce que je comprends et je souffre de ce qui est, parce que je le connais trop« (»Ich schreibe, weil ich verstehe, und ich leide an allem, was ist, weil ich es nur zu gut kenne«), schreibt Maupassant 1888 in *Sur l'Eau.* Dass seine Schilderungen der dinglichen und gesellschaftlichen Realitäten so beeindrucken, liegt nicht so sehr an seinen persönlichen Erfahrungen und seiner Betroffenheit, sondern an der Wahl der sprachlichen und stilistischen Mittel. Denn auch darin hat Maupassant am Beispiel seines Lehrers Flaubert festgehalten: dass der Autor unpersönlich und unbeteiligt bleiben müsse, dass er sich des Kommentars, der Erklärung und Beurteilung zu enthalten habe. Ein Erzähler ist denn auch selten greifbar. Er tritt hinter seine Personen zurück, die durch wenige, aber typische Eigenarten ihrer äußeren Erscheinung, ihres Verhaltens und ihrer Rede unmittelbar lebendig werden. Die präzise Benennung der Dinge ist ebenso selbstverständlich wie die Berücksichtigung der Umgangssprache und mundartlicher Eigenarten in der wörtlichen Rede der handelnden Personen (vgl. *Aux champs*) oder rhetorisch durchgestaltete Passagen im Plädoyer des Protagonisten in eigener Sache (vgl. *Un parricide*). So gelingt es ihm auch durch die Schilderung von Naturphänomenen, Atmosphäre zu schaffen und die Handlung zu untermalen (vgl. *Garçon, un bock! …* und *Le Papa de Simon*). Maupassant beschränkt sich bewusst und im Gegensatz zu den Naturalisten auf wenige, geschickt ausgewählte Details, denn er strebt kein »banales, fotografisches Abbild des Lebens« an, sondern möchte eine Darstellung geben, die »umfassender, packender und beweiskräftiger ist als die Wirklichkeit selbst« (in: Vorwort zu *Pierre et Jean*). Mit seinem Sinn für Einfachheit, Beschränkung und Maß knüpft Maupassant an die Tradition der französischen Klassik an und gilt zu Recht als Klassiker unter den Realisten.

Irmgard Rauthe-Welsch

Inhalt

Französische Fremdsprachentexte

IN RECLAMS UNIVERSAL-BIBLIOTHEK

Romane (Auswahl)

Tahar Ben Jelloun: Les Raisins de la galère. 176 S. UB 9056

Didier van Cauwelaert: Un aller simple. 229 S. UB 9109

Marguerite Duras: L'Amant. 168 S. UB 19704 – Moderato cantabile. 124 S. UB 9032

Annie Ernaux: Une Femme. 95 S. UB 9278

Anna Gavalda: 35 kilos d'espoir. 93 S. UB 9148

Michel Houellebecq: Extension du domaine de la lutte. 227 S. UB 9091

Agota Kristof: Hier. 141 S. UB 9096

François Mauriac: Thérèse Desqueyroux. 173 S. UB 9230

Jean-Claude Mourlevat: L'enfant Océan. 167 S. UB 9117

Amélie Nothomb: Robert des noms propres. 175 S. UB 9121

Yann Queffélec: Noir Animal ou la Menace. 147 S. UB 9089

Christiane Rochefort: Les Petits Enfants du siècle. 167 S. UB 9265

Françoise Sagan: Aimez-vous Brahms . . . 143 S. UB 9238

Éric-Emmanuel Schmitt: Monsieur Ibrahim et les fleurs du Coran. 101 S. UB 9118 – Oscar et la dame rose. 120 S. UB 9128 – L'enfant de Noé. 175 S. UB 9147

Philipp Reclam jun. Stuttgart

La Littérature française

Une anthologie

Herausgegeben von Karl Stoppel
335 S. UB 9086

Diese Textsammlung präsentiert vom ausgehenden Mittelalter bis zur Gegenwart die großen französischen Autoren in prägnanten Auszügen aus Romanen, Memoiren, Erzählungen, Essays, in charakteristischen Dramenszenen, in Aphorismen, Chansons und Gedichten.

XVe/XVIe siecle

Villon – Rabelais – Du Bellay – Ronsard – Montaigne

XVIIe siècle

La Rochefoucauld – La Fontaine – Molière – Pascal – Madame de Sévigné – Racine – La Bruyère – Saint-Simon

XVIIIe siècle

Marivaux – Montesquieu – Voltaire – Rousseau – Diderot – Beaumarchais – Laclos – Mercier

XIXe siècle

Chateaubriand – Lamartine – Vigny – Hugo – Stendhal – Balzac – Nerval – Baudelaire – Flaubert – Verlaine – Rimbaud – Zola – Mallarmé – Maupassant – Jarry

XXe siècle

Proust – Valéry – Gide – Apollinaire – Desnos – Giraudoux – Saint-John Perse – Éluard – Saint-Exupéry – Prévert – Sartre – Anouilh – Camus – Ionesco – Robbe-Grillet – Tournier – Duras – Houellebecq

Philipp Reclam jun. Stuttgart